Informer, s'informer, déformer

Anthologie sur la presse et les médias
autour de quatre événements récents

LE DOSSIER
Les formes et les enjeux de l'information

L'ENQUÊTE
L'histoire de la presse, de la première gazette à nos jours

Notes et dossier
Mathilde Sorel
Agrégée de lettres modernes

Bertrand Louët
Certifié de lettres modernes

Collection dirigée par
Bertrand Louët

Hatier

Sommaire

ISBN : 978-2-401-02817-3

Qui produit l'information ?

Les journalistes

LE REPORTER

Il enquête sur le terrain pour collecter et vérifier des informations à partir desquelles il écrira un « papier » (article). Avec le développement de la presse audiovisuelle apparaît le « JRI » (journaliste reporter d'images) qui filme ou prend des photos.

L'ÉDITORIALISTE

Il analyse l'actualité et donne son avis à chaud. C'est généralement un journaliste expérimenté dont l'autorité morale est reconnue.

LES CHEFS DE SERVICE ET LE RÉDACTEUR EN CHEF

Chaque matin les journalistes proposent des « sujets ». Les chefs de service, sous la houlette du rédacteur en chef, les sélectionnent et les hiérarchisent. Ils sont responsables de la « ligne éditoriale » du journal.

La presse numérique

Internet nous permet d'avoir accès à quantité d'informations, parfois même sur notre téléphone portable.
À travers les réseaux sociaux*, les blogs*, les chaînes de vidéo, le public devient lui aussi producteur de contenus et parfois d'informations.

D'autres métiers au sein de la presse écrite

LE SECRÉTAIRE DE RÉDACTION*

Il rédige les titres et les intertitres* et associe les différents articles, photos et infographies* sur un sujet pour composer les pages.

LE PATRON DE PRESSE ET LE DIRECTEUR DE LA RÉDACTION

Le « patron de presse » est le propriétaire ou l'actionnaire principal du journal. Le « directeur de la rédaction » est en charge de la politique éditoriale du journal et assume la responsabilité juridique de ce qui est publié.

LA RÉGIE PUBLICITAIRE

Les recettes des journaux proviennent des ventes aux lecteurs mais aussi de la publicité. La régie est ainsi chargée de vendre des « espaces » du journal aux annonceurs publicitaires. C'est une fonction stratégique car les recettes de la publicité sont vitales pour la plupart des organes de presse.

LE RÉDACTEUR WEB

Le rédacteur web effectue les recherches pour écrire un article, vérifie ses sources, et élabore un contenu dont la forme est adaptée à une lecture en ligne.

LE WEBMASTER

Coordinateur du travail sur le site internet, il anime une équipe composée de développeurs, de graphistes, de rédacteurs web et de blogueurs.

LE COMMUNITY MANAGER

C'est lui qui fait le lien entre le site du journal et les réseaux sociaux. Il modère les commentaires sur les articles en ligne, sélectionne des blogs en fonction de la ligne éditoriale du journal, etc.

Quelles sont les sources[1] du journaliste ?

Agences de presse et attachés de presse

LES AGENCES DE PRESSE*

Elles sont présentes partout dans le monde et s'adressent aux professionnels. Elles rédigent des dépêches* très factuelles[2] qui sont ensuite utilisées par les journalistes pour informer le public.

L'ATTACHÉ(E) DE PRESSE, LE SERVICE DE COMMUNICATION

Ils représentent une entreprise ou une institution auprès des journalistes. On leur reproche souvent d'être un écran entre l'information et le public, en ne montrant que ce qui est à l'avantage de leur patron.

Responsables et experts

LES RESPONSABLES POLITIQUES ET ADMINISTRATIFS

Ministres, députés, préfets, commissaires de police, commandants de gendarmerie, juges, avocats... : les autorités politiques et institutionnelles sont souvent interrogées par les journalistes.

---

1. On appelle « source » les personnes ou les institutions qui donnent des informations aux journalistes.
2. **Dépêches** : informations brèves ; **factuelles** : qui rapportent simplement les faits, sans les analyser.

LES EXPERTS

Ce sont des personnes qui détiennent une compétence scientifique ou technique leur permettant d'expliquer un phénomène ou un événement : médecins, vulcanologues, sociologues, sondeurs...

Les protagonistes, les informateurs

LES PROTAGONISTES

Ce sont les personnes impliquées dans une actualité : par exemple, dans un accident de train, les passagers, les témoins, les aiguilleurs, le personnel de la SNCF présent au moment de l'accident. Les journalistes peuvent aussi interroger des personnes au hasard pour connaître l'avis des gens « ordinaires » : on appelle cela un « micro-trottoir ».

L'INFORMATEUR

Il s'agit d'une personne qui détient une information et qui la donne à la presse, le plus souvent en cachette et sans avoir le droit de la révéler.

Les personnages ajoutés

Internet favorise l'émergence d'informations et la diffusion d'opinions via les réseaux sociaux comme Twitter ou Facebook. C'est un atout pour découvrir différents points de vue, mais aussi un danger. En effet, le flux de données, multipliant des sources d'information parfois peu fiables, favorise la circulation de rumeurs ou de « théories complotistes[1] ». Il faut apprendre à bien utiliser les médias pour éviter le risque de désinformation.

1. **Théories complotistes** : théories qui prétendent que tous les médias mentent et qu'un complot serait organisé par un groupe de personnes puissantes afin de diriger secrètement le monde.

La catastrophe de Fukushima (2011)

Les circonstances

Situé à l'est du continent asiatique, le Japon est un archipel montagneux composé de nombreux volcans et régulièrement secoué par des séismes. C'est une grande puissance industrielle dont la production nucléaire était, avant mars 2011, la troisième mondiale après celles des États-Unis et de la France.

Le but

Les journalistes doivent d'abord rendre compte (presque en temps réel) de la catastrophe, en y associant des explications techniques ou scientifiques (voir p. 26, 28, 32). Ensuite la presse rapporte les débats qui ont surgi sur la responsabilité de l'homme dans cette catastrophe et les risques liés à l'énergie nucléaire (voir p. 23).

L'histoire

La catastrophe. Le 11 mars 2011, à l'est du Japon, un séisme de magnitude 9 déclenche un tsunami : une immense vague s'abat sur la centrale nucléaire de Fukushima Daiichi. Les réacteurs de la centrale tombent en panne et entrent en fusion, libérant de dangereuses radiations nucléaires.

Les conséquences. Il est très difficile de décontaminer la zone touchée, des milliers d'habitants doivent fuir leur région. La catastrophe relance la question des dangers du nucléaire, dont les radiations à haute dose entraînent de graves maladies.

Malala, prix Nobel de la paix (2014)

Les circonstances

Malala Yousafzai naît en 1997 dans la vallée du Swat, au Pakistan. Son père est un défenseur du droit à l'éducation. Mais la pression islamiste sur le gouvernement pakistanais est forte et les talibans tentent d'imposer la charia, loi religieuse stricte qui règle la vie quotidienne et restreint les droits des femmes.

Le but

Pour les journalistes, faire connaître Malala, c'est dresser le portrait d'une personnalité parfois cible de polémiques (voir p. 53), mais déterminée à défendre des droits fondamentaux dans un pays troublé par l'extrémisme (voir p. 49) : les droits des femmes en général et à l'éducation en particulier (voir p. 57).

L'histoire

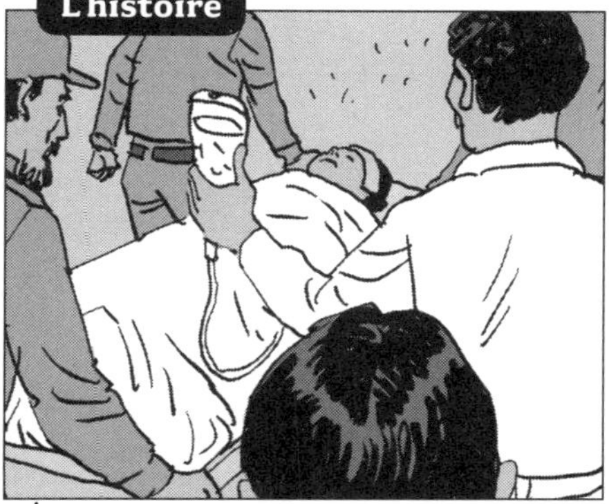

L'agression. Dès 11 ans, Malala monte un blog où, sous le pseudonyme de Gul Makai, elle milite pour l'éducation des jeunes filles dans une région contrôlée par les talibans. Menacée de mort à plusieurs reprises par les extrémistes, elle est gravement blessée lors d'un attentat le 9 octobre 2012.

La reconnaissance internationale. Après avoir reçu des soins en Europe, Malala lance un appel à l'éducation pour tous lors d'un discours à l'Onu en 2013 : « Un enseignant, un livre, un stylo peuvent changer le monde. » Elle obtient le prix Nobel de la paix en 2014, à l'âge de 17 ans.

La photo d'Aylan à la une de la presse (2015)

Les circonstances

Le 2 septembre 2015, le cadavre d'un enfant syrien de trois ans est découvert sur la plage turque de Bodrum. Aylan Kurdi a trouvé la mort avec son frère âgé de 5 ans et sa mère, lorsque leur embarcation a chaviré au milieu de la mer Égée. Fuyant les massacres perpétrés par l'État islamique, la famille cherchait à rejoindre l'île grecque de Kos.

Le but

Dans les médias, le débat fait rage sur l'utilisation de la photo d'Aylan et plus largement sur l'attitude à adopter face à la « crise des réfugiés ». Est-il juste de diffuser une photo choquante pour sensibiliser le public ? Faut-il accueillir les réfugiés pour des raisons humanitaires ou les empêcher d'entrer en Europe pour des raisons économiques et sécuritaires ?

L'histoire

Une photographe turque. Nilüfer Demir marchait sur la plage lorsqu'elle aperçut les corps inanimés des deux enfants. Parmi les photos qu'elle prend et transmet à une agence, celle du corps d'Aylan, repérée par un internaute, va faire le tour du monde via les réseaux sociaux.

Une vague d'émotion. La photo est alors publiée à la une des grands titres de presse européens : elle provoque une immense émotion et devient le symbole de la crise migratoire que traverse l'Europe.

L'Euro de football 2016

Les circonstances

L'Euro de football est une compétition internationale dans laquelle s'affrontent les équipes de football des pays européens. Elle est accueillie tous les quatre ans par un des pays compétiteurs. En 2016, l'Euro s'est déroulé en France, dans un contexte particulier : l'année précédente, le pays avait en effet été frappé par une vague d'attentats meurtriers.

Le but

Pour les journalistes, rendre compte d'un tel événement sportif, c'est d'abord le faire vivre à tous ceux qui n'ont pas pu assister aux matchs ; c'est aussi une occasion de réfléchir aux implications économiques du sport, à ses impacts sociaux (voir p. 92 et 98), ou d'en faire comprendre les facettes les plus méconnues (voir p. 104).

L'histoire

La préparation. L'Euro a été préparé longtemps à l'avance avec la mise à niveau des équipements sportifs dans de nombreuses grandes villes. Du fait de la menace terroriste, il a fallu assurer la sécurité des joueurs et des millions de supporters venus de tous les pays d'Europe (voir p. 95).

Les matchs, le bilan. Les matchs se sont déroulés du 10 juin au 10 juillet : la performance de l'Islande a été l'un des événements de cet Euro (voir p. 98). Une fois la compétition achevée, avec la victoire du Portugal, il a fallu dresser le bilan (voir p. 104).

Entretien

Avec **Daniel Schneidermann** (né en 1958), rédacteur en chef du site @rrêt sur images.

***Daniel Schneidermann est un journaliste spécialisé dans l'analyse critique des médias. Il est connu grâce au succès de son émission télévisée* Arrêt sur images, *qui est arrêtée en 2007, puis grâce à son site internet* @rrêt sur images.**

« **Comment êtes-vous devenus journaliste et pourquoi ?**

Depuis tout petit, je suis curieux et j'aime bien poser des questions. J'aime bien l'écriture aussi. En CE1 mes rédactions étaient souvent lues à toute la classe par l'institutrice. La combinaison des deux donne donc « journaliste »... J'ai commencé en envoyant des articles au *Monde* et j'ai fait une école ensuite : le CFJ[1]. C'est une manière atypique d'entrer dans ce métier : aujourd'hui, on commence par le CFJ ou Sciences-Po, puis on fait des stages.

Quelles sont les difficultés pour exercer ce métier ?

J'entends souvent dire que c'est un métier dans lequel il n'y a plus de débouchés. Je dirais au contraire que ce n'est pas plus difficile qu'avant mais que les formes ont changé avec le numérique. Autrefois tous les métiers étaient bien séparés tandis qu'aujourd'hui il faut savoir être journaliste plus *community manager* ou infographe ou réalisateur, etc.

C'est le cas dans votre site ?

Oui, bien sûr. *@rrêt sur images* est un site critique des médias et nous réalisons des articles et des émissions. Les journalistes écrivent mais ils peuvent aussi être amenés à témoigner sur la manière dont ils ont procédé, à gérer le forum des abonnés. Il faut être polyvalent.

---

1. CFJ : Centre de formation des journalistes, l'une des principales écoles de journalisme françaises.

Les « pressions » diverses sont-elles une autre source de difficulté ?

Le fait que la plupart des grands médias sont détenus par des industriels peut créer des difficultés. D'abord lorsqu'on travaille dans un média détenu par un industriel, il est très difficile de traiter honnêtement des affaires de cet industriel. Ensuite, ces industriels propriétaires vont avoir tendance à nommer des directions des médias qui partagent leur vision disons « libérale ». Sans qu'il n'y ait à proprement parler de « pressions », il est alors difficile de soutenir un point de vue différent de ce consensus implicite en faveur de l'idéologie libérale.

Pensez-vous qu'Internet peut restaurer le pluralisme des médias ?

On pourrait dire en effet que les réseaux sociaux assurent un rééquilibrage et permettent aux minoritaires de s'exprimer, mais c'est pour le meilleur et pour le pire. YouTube, Facebook et d'autres sont devenus les principales sources d'information des plus jeunes, alors que beaucoup de *fake news*, de rumeurs et de fausses informations y circulent.

Quel est le rôle de la presse en ligne indépendante ?

Elle est prise en tenailles entre deux monstres : les milliardaires et YouTube, l'idéologie dominante et les *fake news*. Nous tâchons de produire une information de qualité et indépendante des puissances d'argent.

Comment définiriez-vous le rôle des journalistes et de la presse ?

Cela dépend du contexte et des conditions concrètes dans lesquels chaque journaliste travaille. Cependant, le rôle du journaliste consiste toujours à chercher des informations, à les vérifier en les recoupant, et à les présenter sous une forme attractive, de manière à donner une information honnête qui permette aux gens d'exercer leur rôle de citoyens.

A-t-on besoin d'être un professionnel pour jouer ce rôle ?

Il y a dix ans, avec l'apparition des blogueurs, est apparu le « journaliste-citoyen » qui s'opposait en quelque sorte au journaliste professionnel. Ainsi, par exemple, quoi de mieux pour dénoncer une bavure que la vidéo d'un témoin montrant un jeune de cité battu par la police ? Mais ça ne suffit pas ; le journaliste reste utile pour analyser, savoir ce qui s'est passé avant, après, pour questionner les jeunes, les voisins, les policiers, etc. Et pour cela, il faut une presse puissante, parce qu'une bonne enquête suppose d'avoir les moyens de travailler.

Japon
日本

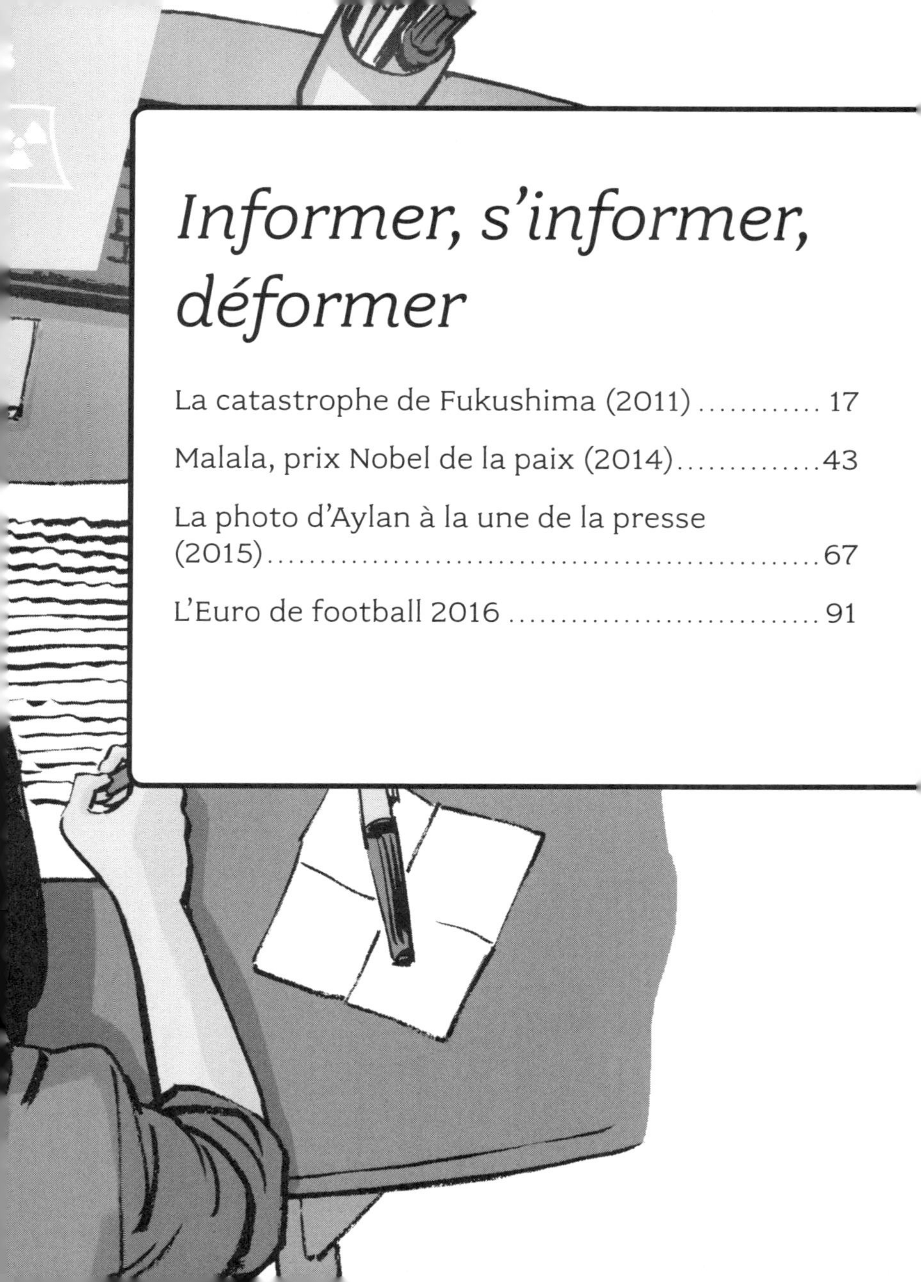

Informer, s'informer, déformer

La catastrophe de Fukushima (2011)

1 *Le Monde* | 13.03.2011 | **Une**

Tsunami : alerte nucléaire au Japon

Le vendredi 11 mars 2011, un séisme de magnitude 9[1] déclenche au Japon une série de catastrophes qui alimentent pendant plusieurs jours les unes des journaux.*

« TéléVisions »

Le Monde

Tsunami : alerte nucléaire au Japon

Justice des pauvres, justice indigne

Editorial

Europe : l'Union monétaire avance à pas comptés

Photoreportage Au cœur de la bataille de Ras Lanouf

WOLINSKI

LA SEXUALITÉ DES FRANÇAIS

Wolinski dédicace son anthologie au salon du livre

LE DOCUMENT EST REPRODUIT EN COULEUR DANS LE CAHIER PHOTOS, P. II.

2 *Le Monde* | 13.03.2011 | **Brève**

Tsunami : alerte nucléaire au Japon

Samedi en milieu de matinée, il était toujours impossible d'établir un bilan précis du séisme de 8,9 de magnitude qui a ravagé, vendredi 11 mars, une partie du Japon. Officiellement, on dénombrait 700 morts et autant de disparus, essentiellement dans les départements d'Iwate, Miyagi et Fukushima.

1. **Magnitude 9** : la magnitude est la mesure de l'énergie libérée par un tremblement de terre. Un tremblement de terre de magnitude 9 dévaste des zones sur des centaines de kilomètres à la ronde.

Aux dégâts considérables causés par le tsunami qui a frappé le nord-est du pays après la fin du premier séisme (depuis, plusieurs répliques sont survenues) s'ajoute la crainte d'une catastrophe nucléaire. L'Agence de sécurité nucléaire et industrielle nippone estimait, samedi matin, qu'une fusion pourrait être en cours dans le réacteur n° 1 de la centrale nucléaire de Fukushima n° 1, située à 250 km au nord de Tokyo. Peu de temps après, une explosion était entendue et une épaisse fumée blanche s'élevait au-dessus de cette centrale. Plusieurs employés auraient été blessés. Craignant une contamination radioactive de la zone, les autorités japonaises avaient au préalable évacué 51 200 personnes.

Afin de diminuer la pression à l'intérieur du réacteur nucléaire (à eau bouillante) de la centrale de Fukushima, et, donc, d'en éviter l'explosion, les autorités japonaises ont décidé, samedi matin, de relâcher de la vapeur radioactive dans l'atmosphère. Selon la télévision NHK, le toit et les murs du bâtiment du réacteur de Fukushima se seraient effondrés.

Les autorités japonaises craignent une contamination radioactive après une explosion dans la centrale nucléaire de Fukushima n° 1.

3 *Le Monde* | 15.03.2011 | **Une**

Au Japon, la désolation et l'angoisse

« Chaque heure fait découvrir l'étendue des destructions provoquées par la tragédie du vendredi 11 mars », peut-on lire dans l'éditorial de la une du* Monde, *le mardi 15 mars 2011. Les correspondants du quotidien au Japon ont recueilli témoignages, images et récits pour rendre compte de la situation et permettre d'établir un dossier précis sur la catastrophe qui s'est amplifiée depuis le séisme initial.*

« Le Monde Economie »
Du Golfe à l'Algérie, la jeunesse réclame sa part du « gâteau » pétrolier

Le Monde

Au Japon, la désolation et l'angoisse

Pages 5 à 9

Pages 12 et 23

Une leçon de dignité dans un malheur immense

Editorial

En Libye, la contre-attaque de Mouammar Kadhafi progresse

Le regard de Plantu

En Côte d'Ivoire, la peur change de camp

Le document est reproduit en couleur dans le cahier photos, p. III.

LECTURE ACTIVE 1

→ Voir aussi
étape 1, p. 118

Fukushima • L'annonce d'une catastrophe

As-tu bien lu ?

1 Remets dans l'ordre les trois étapes de la catastrophe.
. . . un tsunami . . . des explosions nucléaires . . . un séisme

2 **Doc. 1 et 2 p. 18-19 et p. II (cahier photos).** Observe le titre, lis la brève : qu'est-ce qui montre que nous ne sommes qu'au début de la catastrophe ? Quelles sont les sources* citées ?

3 **Doc. 3 p. 20 et p. III (cahier photos).** Alors que la catastrophe s'est amplifiée, quels changements observes-tu dans la mise en page de la seconde une* ?

4 **Doc. 1 et 3 et p. II et III (cahier photos).** Compare les photos représentant le drame : quels points communs relèves-tu ?

L'atelier

Réaliser la une d'un journal

▸ ***Objectif.*** Transposer l'étude des unes du *Monde* à l'échelle d'un journal de collège.

▸ ***Préparation.*** Former des équipes de cinq élèves. Imaginez qu'un événement important, heureux ou malheureux, vient de se produire dans votre établissement et que la rédaction du journal du collège (votre équipe) décide de le mettre en une.

▸ ***Réalisation.*** Au sein de chaque équipe, composer la une en s'inspirant du schéma de la page 152 :
— deux élèves rédigent les textes des articles (brève, témoignage) ;
— deux autres cherchent des visuels ;
— un rédacteur en chef pilote l'ensemble et travaille sur la titraille*.

▸ ***Réfléchir ensemble.*** Quels choix avez-vous faits pour que votre une retienne l'attention du lecteur ? (type(s) d'article, titre(s), image(s), mise en page).

4 *Le Monde* | 15.03.2011 | **Dessin**

Le dessin de Plantu

Depuis 1985 Jean Plantureux, connu sous le nom de Plantu, publie quotidiennement dans Le Monde *ses dessins de presse, qui portent un regard amusé et critique sur l'actualité. Le 15 mars 2011, son dessin s'inspire d'un grand artiste japonais, Hokusai, pour raconter la catastrophe et renforcer l'émotion du lecteur.*

▲ **Plantu, dessin paru dans *Le Monde* du 15 mars 2011 (d'après Hokusai).**

LE DOCUMENT EST REPRODUIT EN COULEUR DANS LE CAHIER PHOTOS, P. III.

Katsushika Hokusai (1760-1849), surnommé le « fou de dessin », s'inscrit dans le style Ukiyo-e (« peintures du monde flottant »), très présent dans l'art japonais entre les XVII et XIXe siècles. Il est notamment célèbre pour ses estampes de paysages, inspirées à la fois de l'art traditionnel japonais et de l'art occidental. Son œuvre a influencé des impressionnistes français comme Claude Monet ou Vincent Van Gogh.

5 *Le Parisien* | 15.03.2011 | **Analyse**

Des conséquences terribles sur la santé

Le chef du parti libéral russe suggérait sérieusement au Japon dimanche de déplacer sa population en Sibérie, pour « éviter une catastrophe humanitaire ». Aussi farfelue soit-elle, cette proposition montre à quel point les voisins de Tokyo craignent les conséquences sanitaires d'un « Tchernobyl bis ».

Une partie du Japon pourrait être « inhabitable ». « Si certains réacteurs, déjà entrés en fusion, venaient à exploser, les rejets radioactifs seraient tels qu'une grande partie du Japon pourrait devenir inhabitable », estime Sophia Majnoni, de Greenpeace. « Les 20 millions d'habitants de Tokyo ne risquent rien tant que l'enceinte de confinement du cœur tient le coup », souligne l'ancien directeur de l'Office de protection contre les rayonnements ionisants, Jean-François Lacronique. « Mais si la situation se dégrade et qu'il y a fusion du cœur avec des rejets, il y aura des retombées très au-delà de la zone d'évacuation et Tokyo pourrait être atteint », reconnaît Alain Rannou, conseiller scientifique à l'Institut de radioprotection et de sûreté nucléaire.

Des risques de contamination à long terme. L'impact d'un nuage radioactif dépendrait de la direction des vents mais aussi du combustible relargué dans l'atmosphère. « Il faut attendre trente ans pour que le césium 137 perde la moitié de son activité et des centaines de milliers d'années pour le plutonium[1], *détaille Sophia Majnoni.* À Tchernobyl, on avait détecté des traces importantes de radioactivité

1. **Césium 137** et **plutonium** : éléments atomiques.

à 3 500 km de distance. Si les vents poussaient un nuage radioactif au-dessus de Tokyo, ce serait un désastre sanitaire majeur. »

Un nuage toxique mortel sans odeur et sans saveur. Inodores et invisibles, les particules radioactives se fixent à l'intérieur du corps humain. « Si vous êtes gravement irradié, vous perdez vos ongles, vos cheveux, et votre corps finit par lâcher. À plus faible dose, vous pouvez être contaminé sans le savoir en avalant des micropoussières radioactives », explique Sophia Majnoni. « Dans les zones contaminées à proximité de Tchernobyl, 80 % des enfants sont malades en permanence et les gens parlent sur place de sida des radiations car leur système immunitaire[1] est affaibli, explique Yves Lenoir, le président de l'association Enfants de Tchernobyl Bélarus. Le césium s'est concentré dans leur cœur, leurs yeux, leur pancréas, leur thyroïde. Beaucoup d'enfants ont eu des problèmes cérébraux, souffrent de cardiopathies, de cataracte[2]. »

Le pays hanté par le spectre de Tchernobyl. « Dans les trois pays affectés par la catastrophe de Tchernobyl, le risque de contracter un cancer de la thyroïde a été multiplié par mille », détaille Jean-François Lacronique. « Quatre ans après la catastrophe, je m'étais rendu sur place et j'avais consommé un repas dans une cantine dans la zone contaminée, *explique Yves Lenoir*. En un seul repas, j'avais absorbé 4 000 becquerels[3] de césium. Mettez-vous à la place des populations

1. **Système immunitaire** : ensemble des cellules qui permettent à l'organisme de se défendre contre l'attaque d'agents extérieurs.
2. **Cardiopathie** : affection du cœur ; **cataracte** : opacité totale ou partielle du cristallin (élément situé à l'arrière de l'œil) qui peut entraîner la perte de la vue.
3. **Becquerel** : unité de mesure de l'activité d'une source radioactive.

qui n'ont pas d'autre choix que de consommer la nourriture produite localement. Dans certains champs, il y avait à l'époque des doses de dépôts radioactifs équivalant à celles que l'on trouve dans la zone rouge d'une centrale nucléaire. »

Frédéric Mouchon

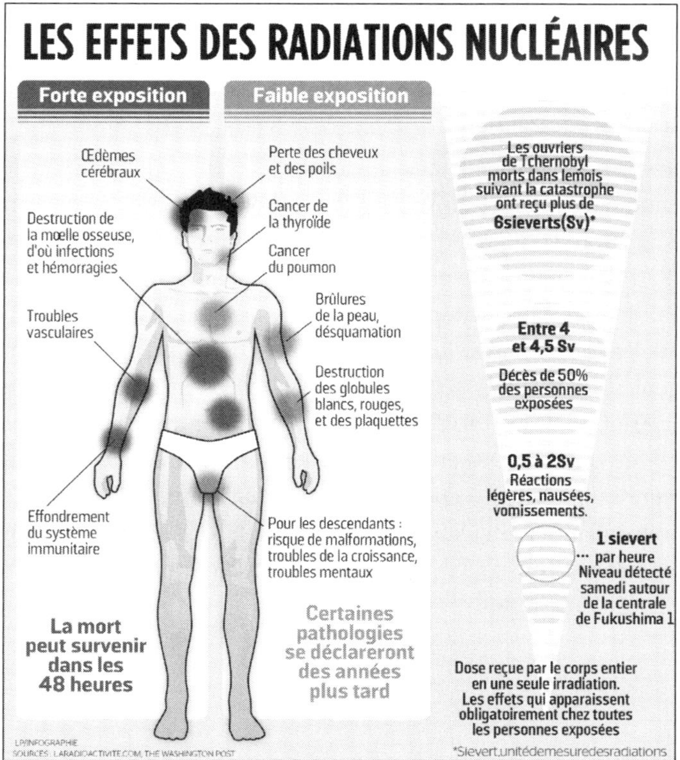

▲ **Les effets des radiations nucléaires.**

6 *Le Figaro* | 15.03.2011 | **Interview**

« Ces réacteurs nucléaires avaient atteint leur limite d'âge. »

Robert Kelley, l'un des anciens directeurs de l'Agence internationale de l'énergie atomique (AIEA), ancien responsable au département de l'Énergie aux États-Unis, commente l'incident intervenu à la centrale de Fukushima.

[...] LE FIGARO. **Trouvez-vous pertinent le débat sur le nucléaire dans les pays occidentaux ?**

R. KELLEY. Je considère que le débat est bienvenu. Bien sûr, je pense que l'énergie nucléaire est là pour un bon moment et qu'elle fait partie intégrante d'un bouquet énergétique[1] dont nous avons réellement besoin. Mais cela ne m'empêche pas de m'interroger sur ce flux soudain de nouveaux pays prêts à sauter à pieds joints dans l'aventure nucléaire, si cela est justifié ou même sûr. Maintenant, en tant qu'ingénieur, je suis très déçu par les déboires[2] essuyés par le Japon, car nous autres tirons satisfaction en construisant quelque chose de fiable et de durable. Des erreurs se produisent, et c'est chaque fois très regrettable. Il faut cependant prendre en compte l'âge avancé de ces installations à Fukushima, toutes les leçons apprises depuis qu'elles ont été construites, l'amélioration des normes et, bien sûr, tout ce que l'on a appris ces derniers jours.

1. **Bouquet énergétique** : répartition des différents types d'énergie primaire, qui peuvent être non renouvelables (charbon, nucléaire, pétrole, gaz) ou renouvelables (soleil, vent, biomasse).
2. **Déboires** : échecs.

Le Figaro. Pourra-t-on rétablir la confiance de l'opinion publique envers le nucléaire ?

R. Kelley. Toutes les activités d'ingénierie[1] à l'échelle d'une centrale nucléaire passent par une remise en cause et une amélioration permanentes. Les normes évoluent, en général, dans un sens de plus en plus strict. La tendance générale des décennies à venir nous entraîne cependant vers des centrales nucléaires plus petites, plus sûres et posant moins de risques. L'opinion publique a toujours considéré que l'industrie nucléaire obéissait à des normes de sûreté très élevées, bien plus que d'autres industries, où les accidents sont très fréquents. Cela dit, nous avons échoué aux yeux du public et cela prendra du temps pour rétablir la confiance, même si la situation à Fukushima devait ne pas empirer.

Propos recueillis par Martin Picard, DR

1. **Ingénierie** : ensemble de toutes les études qui servent à mener à bien un projet industriel.

7 *Marianne* | mise en ligne 09.11.2011 | **Tribune**

EPR : le nuage de Fukushima n'est pas encore arrivé en France

Alors que les négociations se crispent entre le PS et les écologistes sur la question du nucléaire, deux élus EELV[1] reviennent sur les tenants et les aboutissants de la construction de l'EPR[2] de Flamanville.

Depuis le 11 mars dernier, au premier jour de la catastrophe nucléaire toujours en cours au Japon, le monde entier se projette de plus en plus nettement dans un avenir sans nucléaire. Le monde entier ? Pas tout à fait. Un pays résiste, encore et toujours. Le nôtre. La France est le village d'Astérix de l'électricité nucléaire ➲. Ici, les élites économiques et politiques semblent, dans leur grande majorité, n'avoir même pas été troublées par l'irruption d'une catastrophe majeure dont tous pourtant assuraient qu'elle était impossible. La France ne doute pas. Le nuage des incertitudes portées par Fukushima s'est arrêté à nos frontières.

Les arguments qui avaient cours avant la catastrophe n'ont même pas été congédiés. Persuadés qu'à force de la répéter, une erreur peut devenir une vérité, gouvernants et industriels persistent à ne rien céder. Le nucléaire français, proclament-ils, imperturbables, c'est la sécurité, l'indépendance énergétique, l'électricité bon marché, et pour toujours ! L'accident ? Il est – à jamais – impossible. Peu importe que ces affirmations fantaisistes soient régulièrement battues en brèche

1. **EELV** : sigle d'Europe Écologie les Verts, parti politique français.
2. **EPR** : sigle signifiant European Pressurized Reactor (« réacteur pressurisé européen »). L'EPR est un nouveau modèle de réacteur nucléaire à eau pressurisée, dit de « troisième génération », développé par le groupe industriel français Areva.

➲ **Dans la BD de Goscinny, le village d'Astérix est le seul à résister aux Romains. Dans cet article, la France est aussi la seule à résister en maintenant à tout prix son énergie nucléaire. Ce rapprochement est ironique, car c'est une critique de l'obstination des dirigeants français.**

LECTURE ACTIVE 2

→ Voir aussi étape 1, p. 118

Fukushima • Des réactions contrastées

As-tu bien lu ?

1 **Doc. 4 p. 22.** Décris ce que tu vois sur le dessin de Plantu en distinguant les différents plans.

2 **Doc. 5 p. 23. a.** À quelle autre catastrophe l'article fait-il référence ? **b.** Quelle unité de mesure permet d'évaluer les risques sanitaires liés aux particules radioactives ?

3 **Doc. 6 p. 26.** Quels sont les arguments de Robert Kelley pour relativiser les dangers du nucléaire ?
- ☐ La situation à Fukushima ne peut pas empirer.
- ☐ Les installations de Fukushima étaient anciennes.
- ☐ Les normes de sécurité en matière nucléaire sont de plus en plus strictes.

4 **Doc. 7 p. 28 à 30.** Pourquoi les auteurs de cette tribune sont-ils choqués par la construction de l'EPR de Flamanville ? Quel lien font-ils avec la catastrophe de Fukushima ?

L'atelier

Travailler sur le dessin de presse

▶ ***Objectif.*** Analyser le dessin de Plantu.

▶ ***Préparation.*** Former des équipes de quatre élèves. Deux élèves enquêtent sur l'artiste Hokusai et analysent son estampe *Sous la vague* dont Plantu s'inspire dans son dessin (voir cahier photos p. III). Les deux autres découvrent le travail de Plantu en consultant son site : www.plantu.net et celui de son association.

▶ ***Réalisation.*** En s'appuyant sur sa recherche, chaque équipe tente de répondre à la question : pourquoi Plantu, pour évoquer la catastrophe de Fukushima, fait-il référence à l'estampe *Sous la vague* ?

▶ ***Réfléchir ensemble.*** Quelles réponses permettent d'éclairer le dessin de Plantu et de comprendre son impact ?

par les révélations répétées sur les failles de sûreté ou les rapports alarmés des autorités de sûreté et des organismes indépendants. Les faits sont têtus, mais l'idéologie l'est davantage. On n'abandonne pas comme ça le dogme de l'infaillibilité nationale ➲. [...]

L'EPR, pas plus qu'un autre modèle de réacteur, n'échappe aux problèmes liés à la production électronucléaire : risques d'accidents, production de déchets, coûts incertains du démantèlement, technologie lourde, chère et inadaptée. Bref, l'EPR, c'est bien du nucléaire, soit la manière la plus dangereuse de faire bouillir de l'eau, selon la formule du physicien Bernard Laponche. Pire : présenté comme le plus sûr des réacteurs, et dès lors admis à contenir plus de matière dangereuse qu'aucun autre, l'EPR est surtout le plus dangereux, précisément parce qu'il s'alimente de davantage de combustible que tout autre. Comme les réacteurs plus anciens, il n'échappera pas, selon l'Autorité de sûreté nucléaire, aux « leçons de Fukushima », et à l'obligation coûteuse de réviser le modèle de sécurité qui le fonde. [...]

Hélène Gassin et Mickaël Marie (EELV)

➲ **Le « dogme de l'infaillibilité nationale » consiste à affirmer que la France ne se trompe jamais. Les auteurs accusent ici notre pays de ne pas se remettre en question et de s'obstiner à conserver le nucléaire, malgré les risques d'accident.**

8 *Libération* | 11.03.2013 | **Analyse**

Un bilan deux ans après la catastrophe. Que s'est-il passé le 11 mars 2011 ?

En l'espace de quelques heures, le Japon a affronté une triple catastrophe : un séisme, suivi d'un tsunami qui a causé une catastrophe nucléaire aussi grave que celle de Tchernobyl en 1986.

Un séisme de magnitude 9 a eu lieu au large des côtes de l'île du Honshu[1] à 14 h 46 (heure locale). Son épicentre se situait à 130 kilomètres au large de la ville de Sendaï et à 32 kilomètres de profondeur. Ce tremblement de terre historique a généré un puissant tsunami qui s'est abattu seulement dix minutes après la secousse pour les premières zones frappées. La vague noire a déferlé sur près de 600 kilomètres de côtes, atteignant par endroits près de 30 mètres et s'enfonçant jusqu'à 10 kilomètres dans les terres. Les préfectures d'Iwate, Fukushima et Miyagi ont été les plus frappées par le tsunami. [...]

Quand une vague de 15 mètres de hauteur frappe la centrale de Fukushima Daiichi située sur la côte pacifique du Japon, elle provoque un accident classé au niveau 7 – le plus élevé – sur l'échelle des accidents nucléaires. Les réacteurs 1, 2 et 3 (les seuls en service sur 6) s'arrêtent automatiquement après les premières secousses. Une série d'erreurs humaines et techniques provoquent la fusion de ces réacteurs. Dès le 12 mars, une série d'explosions et d'incendies provoquent des rejets massifs de radionucléides[2] dans l'atmosphère. Dans les jours qui suivent, 110 000 personnes sont obligées de quitter une zone de 20 kilomètres autour de la centrale. 50 000 autres décident de quitter leurs habitations par peur de la contamination radioactive.

---

1. **Honshu** : plus grande île de l'archipel du Japon, où se trouvent, entre autres, les villes de Tokyo et Kyoto, et le mont Fuji.
2. **Radionucléides** : noyaux atomiques radioactifs.

Deux ans plus tard, les autorités japonaises estiment que le bilan officiel du raz-de-marée atteint aujourd'hui 15 881 morts et 2 668 disparus. Un million de maisons ont été détruites. Des monceaux de débris emportés continuent de s'échouer sur les côtes américaines de l'autre côté du Pacifique. L'ampleur des destructions est colossale. Il faudra des décennies pour reconstruire le Tohoku[1] et fermer la centrale de Fukushima.

Arnaud Vaulerin à Kyoto

9 *Sciences et Avenir* | 16.06.2015 | **Reportage**

Voyage au cœur de Fukushima

Dominique Leglu, directrice de la rédaction de Sciences et Avenir, a visité la centrale nucléaire accidentée de Fukushima le vendredi 12 juin 2015. Elle en a ramené ce récit, heure par heure, d'un voyage au cœur de ce site qui connaît l'une des plus grandes catastrophes technologiques de l'histoire.

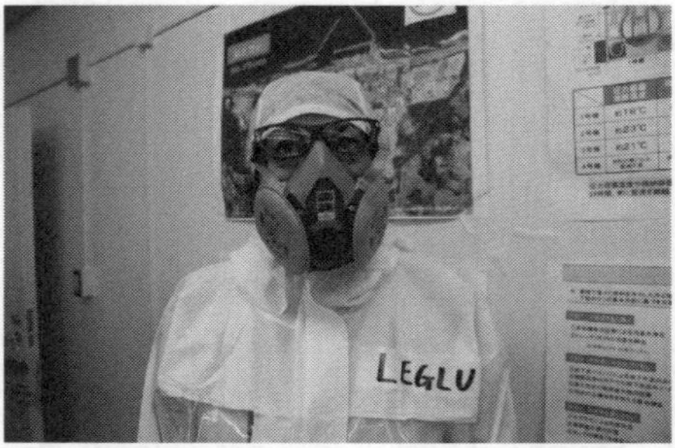

▲ **Dominique Leglu, directrice de la rédaction de *Sciences et Avenir*, a visité la centrale de Fukushima le vendredi 12 juin 2015.** © Pallava BAGLA

1. **Tohoku** : région du nord-est de l'île de Honshu.

Claustrophobie. D'abord, enlever tous ses vêtements. Ensuite, enfiler T-shirt et pantalon bleus ourlés de rose, ainsi qu'une paire de gants blancs en coton fournis par Tepco[1]. Puis s'affubler d'un gilet gris sans manches avec petite pochette de devant à « trous-trous » réservée au dosimètre[2], qui va capter tout rayonnement ionisant venant frapper la poitrine. Mettre la première paire de chaussettes. Pour faire bonne mesure, recouvrir le tout d'une grande combinaison à capuche zippée blanche jusqu'en haut du cou, ce qui signera l'allure de l'individu déambulant à l'extérieur de la centrale de Fukushima, non loin des réacteurs dévastés par la catastrophe, qui a débuté en mars 2011. Bien coincer ladite combinaison aux poignets avec deux nouvelles paires de gants beiges en plastique transparent qui ne cessent de rouler sous les doigts. Fixer avec un ruban adhésif afin qu'aucun millimètre de peau ne soit exposé. Ne pas oublier d'enfiler la deuxième paire de chaussettes qui coincera la combinaison blanche et enfoncer la petite calotte[3] blanche pour la tête, sous la capuche. Il est temps de mettre le masque qui protège le nez, et dont seules les sortes d'oreillettes filtrantes rose fuchsia empêchent l'individu ainsi affublé de se prendre pour Darth Vader[4]. Mais il en adopte quasiment la voix venue d'outre-tombe. Maîtriser alors sa respiration et foin de claustrophobie[5] !

1. **Tepco** (Tokyo Electric Company Incorporeted) : multinationale japonaise qui, avant la catastrophe de Fukushima, était le plus grand producteur privé mondial d'électricité.
2. **Dosimètre** : appareil permettant de mesurer les doses de radioactivité reçues par une personne.
3. **Calotte** : petit bonnet rond ne couvrant que le haut de la tête.
4. **Darth Vader** (ou Dark Vador en français) : personnage central de la série cinématographique *Star Wars*.
5. **Foin de** : vieille expression pour signifier qu'on méprise, qu'on rejette quelque chose ; **claustrophobie** : peur panique de se trouver dans un espace fermé.

Ensuite viendront les bottes et les surchaussures jetables nécessaires dès que l'on revient de l'extérieur, en montant dans un bus par exemple, après avoir foulé le sol de la centrale. Heureusement que j'ai mon nom écrit en gros en haut à gauche sur la poitrine et aussi dans le dos, entre les omoplates, sinon je pourrais me prendre pour ma voisine ou mon voisin… Dans les longs couloirs étroits où déambulent les travailleurs de la centrale, on passe devant des étagères débordant de tous ces gants, chaussettes et combinaisons bien pliés qui finiront en vrac, quelques heures plus tard, dans de grands récipients en plastique. Il fait chaud et moite. L'opération dure plus longtemps qu'on ne le croirait. C'est le moment où je prends pleinement conscience de l'infortune de ces milliers d'hommes qui doivent procéder ici chaque jour à cette gymnastique de l'habillage, certainement plus rembourré encore, essentiel à leur protection. Je me demande s'ils en rêvent la nuit. Chaque geste, dans ces lieux contaminés, doit être sérieusement contrôlé. Ne pas rapporter à l'intérieur d'un bâtiment des poussières collées sous les bottes. Ne pas décoller son masque pour mieux se faire comprendre du travailleur d'à côté. Ne pas s'essuyer le front d'un geste réflexe. Les plongeurs en eaux profondes en savent quelque chose. Les médecins et spécialistes qui ont dû et doivent encore affronter le virus Ebola, encore plus. Seulement voilà, ce passage symbolique aux choses sérieuses, pour la visiteuse occasionnelle que j'ai été, a tardé. C'est que la centrale de Fukushima se mérite, avec un long cheminement initial. « Vous allez voir, ça prend du temps, il ne faut pas se mettre en retard », n'avait cessé d'avertir Shigeyuki Koide, le président de l'association des journalistes japonais de science et technologie, grâce auquel cette visite groupée de quatorze journalistes de dix pays a pu avoir lieu.

Ebola est un virus mortel transmis à l'homme par certaines espèces de chauves-souris et de singes. La dernière épidémie a eu lieu en Afrique de l'Ouest en 2015.

10 h 30. Arrivée à J-Village. D'abord se rendre à Hirono, à 220 km au nord de Tokyo, en empruntant la 6, surnommée la route du nucléaire, vu la densité des sites qui la bordent : Tokaimura où fut installée la première centrale nucléaire du Japon, Fukushima Daini (la centrale qui n'a pas explosé) que l'on apercevra à l'occasion, deux courts instants au loin sur la droite, en bord de mer, au fond d'une vallée verdoyante. Enfin Fukushima Daiichi, celle du désastre. Mais on n'y est pas encore. Cette route est maintenant coupée sur plus de 40 km, dans la zone interdite, jusqu'à la ville d'Haranomachi, plus au nord. Mais nous avons un bon sauf-conduit[1]. Une porte coulissante ornée d'un grand poster, celui d'une équipe de football, nous accueille au J-Village (J comme Japon). Ici, se trouvait naguère un lieu plutôt joyeux, celui d'entraînement de l'équipe nationale japonaise. L'équipe d'Argentine était même venue s'y installer, lors de la Coupe du monde 2002, la première à se tenir en Asie. Mais c'était le Brésil qui avait gagné. Aux murs, des séries de photos racontent en images un autre genre de sport, en plus rude. Le début du marathon de plusieurs dizaines d'années pour sauver la centrale et sa région du désastre radioactif : pose de bâches, tirage de câbles, décapage de sols, arrivée de conteneurs... [...]

600 000 tonnes d'eau accumulées. Hideaki Noro assure les relations publiques. Outre une jolie boîte remplie d'un déjeuner réconfortant, il me confie – contre mon passeport – un sésame[2] obligatoire, en forme de petit badge jaune d'identification. Devant mes yeux s'étale la vue panoramique par satellite de toute la centrale, mais interdiction de photographier. Un lieu immense, qui est loin de se

1. **Sauf-conduit** : document permettant de se rendre dans un lieu ou de traverser une zone.
2. **Sésame** : moyen permettant d'accéder à quelque chose, de franchir toutes les portes.

réduire à la seule présence des 6 réacteurs, dont les 5 et 6, souvent oubliés car ils ont eu le bon goût d'être à l'arrêt le 11 mars 2011. On y voit des dizaines de formes rondes – vus du ciel, les larges conteneurs, plus de 600 000 tonnes d'eau aujourd'hui accumulées, et que la centrale continuer d'engranger ! et aussi de multiples bâtiments, des rangées de parallélépipèdes de béton, les jetées sur l'océan... Après une vidéo qui fait le point sur l'avancement des travaux, l'ancien directeur général de la centrale Akio Komori rappelle à qui l'aurait oublié qu'après le séisme de magnitude 9 du 11 mars 2011, les unités 1, 2, 3 et 4 ont été largement balayées par le tsunami dont les vagues ont atteint ici 15 mètres. Problème : les réacteurs ne sont situés qu'à 10 mètres au-dessus du niveau de la mer. Mais assure-t-il, « les conteneurs à eau contaminée sont situés à 35 mètres de haut ». Ils ne risquent aujourd'hui pas grand-chose, eux, sauf une mauvaise étanchéité. [...]

12 h. Entrée en zone de « non-retour ». Nous avons changé de bus. Pas question de faire pénétrer celui qui retournera à Tokyo dans les zones contaminées. Il reste 20 km à parcourir. Derrière la vitre, défilent des paysages souvent vus, mais jamais de si près. À gauche, des rizières où l'on effectue des mesures de contamination, à droite des sols décapés, parsemés de multiples monticules de terre arrachée, bâchés de bleu. Souvent, des théories[1] d'énormes sacs remplis eux aussi de terre bordent la route. Il y aurait, nous dit-on, une vingtaine de sites majeurs d'empilement de ces sols contaminés. Des sites intérimaires. Car il plane l'idée qu'un jour, dans trente ans, un autre site, définitif, celui-là, sera trouvé pour les entreposer. Comment la chose sera-t-elle ressentie par les riverains à qui ce projet sera un jour annoncé ? Pour l'instant, il ne l'est pas. On se demande s'il le sera. [...]

1. **Théories** (du grec *theôria,* « procession ») : files.

12 h 40. Arrivée à la centrale. Par un long couloir extérieur, derrière un grillage, je me dirige vers l'entrée de la centrale. Notre équipe croise des dizaines d'ouvriers, certains vêtus de beige, d'autres de bleu, signes de fonctions diverses. Ce qui me frappe ? Les regards fermés, les visages fatigués, voire épuisés. Selon les chiffres officiels, le nombre de travailleurs n'a cessé d'augmenter. « Ils sont actuellement 7 500 », me précise Hideaki Noro. Il y en avait 2 000 de moins l'année dernière à la même époque, et 4 000 de moins en juin 2013. Un bâtiment destiné au repos (près duquel nous passerons plus tard) est actuellement en fin de construction sur le site, « capable d'accueillir jusqu'à 1 300 personnes ». Dans un lieu où les travaux de démantèlement sont prévus pour « durer quarante ans » il faut, écrit Tepco dans un document remis au J-Village, « assurer un emploi stable sur le long terme ». Et pour cela, « négocier des contrats », ce qui serait déjà le cas pour « 90 % » des travailleurs du site, affirme l'opérateur. Sachant qu'il faut prendre en considération, dans les délibérations avec les sous-traitants, « le travail qui implique des hautes doses ou des basses doses de rayonnement ». A aussi ouvert fin mars un nouveau centre pour « assurer des repas chauds » et « mettre fin à des rumeurs alarmantes sur la nourriture », affirme le document. Impossible à vérifier, pas plus que l'état d'esprit de ceux présents sur le site. La barrière de la langue et le pas de charge auquel nous arpentons tous les couloirs ne permettent aucun échange. Je passe par une entrée sécurisée, avec code à six chiffres. Dans une pièce aux murs aveugles, je vais récupérer le dosimètre à glisser dans une veste sans manches, plus une paire de gants – la première de la journée –, un masque léger et des surchaussures. Curieusement, il est interdit de photographier, ce que s'apprêtait à faire notre confrère indien Pallava Bagla, le photographe du pool[1]. Difficile de comprendre pourquoi.

1. **Pool** : groupe (mot anglais).

13 h. Avec le chef de la centrale. Dans un bâtiment antisismique, nous rencontrons Akira Ono, le chef de la centrale. Devant de multiples posters, il annonce d'emblée la couleur. Sa priorité, du moins dans son discours que peu de questions pourront interrompre – nous sommes ici pour un « tour de la centrale », pas une conférence de presse, nous fait-on comprendre –, c'est l'eau. L'eau qui ne cesse d'envahir le bas des réacteurs et qui s'y contamine. Le chiffre miracle serait d'atteindre le plus vite possible 100 tonnes par jour. Et Akira Ono d'expliquer les diverses mesures mises en place : pavage du sol et drainage pour que l'eau de pluie ne s'enfonce pas, pompage par des puits près des réacteurs, installation d'un mur imperméable (en gelant le sol) du côté colline de la centrale, etc. Devant ce gigantesque problème d'eau contaminée, le chef de la centrale continue de s'interroger : serait-ce possible un jour de rejeter cette eau à la mer ? « Nous nous attendons à une résistance des résidents locaux », reconnaît-il.

Le démantèlement des réacteurs, voilà le deuxième chantier impressionnant à mener en parallèle. Après avoir retiré les combustibles usés (1 535 barres) de la piscine du réacteur n° 4, il faut s'attaquer à ceux des piscines des trois autres réacteurs. Et de signaler un nouveau gros souci à venir : « Les rayonnements sont très intenses dans l'unité 2. Il nous faudra peut-être faire une ouverture dans le toit du réacteur pour réaliser l'opération. » Quant à la récupération des cœurs fondus (tout ou partie), il rappelle qu'il faudra auparavant s'être fait une bien meilleure idée qu'aujourd'hui de la forme qu'ils ont adoptée. À ce stade, on voit bien qu'il est trop tôt pour savoir comment agir. Évoquant le corium ➲ dans le réacteur 1, il évoque

➲ **Le corium est un magma résultant de la fusion des éléments du cœur d'un réacteur nucléaire. C'est la matière la plus dangereuse jamais créée par l'homme, dont la température (2 500 à 3 200 °C) est 2 à 3 fois plus élevée que celle d'un volcan en éruption. Personne ne peut s'en approcher sans mourir dans les secondes qui suivent.**

une solution : « Il est possible que nous décidions de l'immerger et de récupérer ce qui a fondu par morceaux. » Pour l'instant, on continue d'injecter de l'eau dans les trois réacteurs pour les maintenir à une température acceptable (21° à 30° selon les réacteurs et les lieux de mesure, à en croire les chiffres fournis par Tepco), mesurée 24 h sur 24. Akira Ono n'a pas l'air découragé. À voir l'ampleur des tâches, titanesques[1], qu'il reste à réaliser, on lui souhaite bien du courage ! Non loin de là, après quelques déambulations dans de nouveaux couloirs, je pénètre dans le saint des saints[2], l'ancienne salle de contrôle de la centrale. 200 personnes y travaillent aujourd'hui, ordinateurs portables devant de grandes tables, à réguler l'entreprise à très long terme évoquée plus haut. Silence, concentration. Trois téléphones rouges trônent au cœur de la pièce. Mais aucun détail ne nous sera donné.

▲ **Dans le bus où les journalistes roulent vers la centrale de Fukushima.**
© Pallava BAGLA

1. **Titanesques** : gigantesques, démesurées.
2. **Saint des saints** : partie la plus importante.

14 h. En bus dans la centrale. Enfin à l'air libre ou presque ! Affublée de ma combinaison blanche, du masque, des bottes et du casque réglementaires, je m'engouffre avec les autres journalistes dans un nouveau bus, couvert de plastique bien scotché aux sièges. Non sans avoir, avant d'y pénétrer, enfilé des surchaussures avec l'aide aimable d'assistants prévus à cet effet. Surtout, éviter de polluer le plancher. Nous nous retrouvons ainsi embarqués, quelque peu impressionnés et la curiosité mille fois aiguisée. Ce doit être l'effet Fukushima... Direction : une terrasse en surplomb de l'océan. Werner Hadorn, le collègue suisse chargé de la caméra, se débat avec sa machine, recouverte d'un plastique obligatoire pour éviter toute contamination par les poussières. Qu'elle soit devenue radioactive et il lui faudrait l'abandonner à la sortie... Personne d'entre nous, journalistes, ne voudrait repartir sans vidéos. On croise mentalement les doigts – avec trois paires de gants, c'est trop difficile de le faire réellement – pour que le cameraman ne défaille pas derrière ses lunettes embuées. Il se débat avec ses gants, justement, et un écran de contrôle tactile quasiment impossible à régler sous pareil attirail.

Nous sommes arrivés en surplomb, au niveau des fameux 35 mètres au-dessus de l'océan, où s'accumulent un peu partout de nouveaux conteneurs bleus à la capacité impressionnante. À cet endroit, le débit de dose est de « 3,8 microsieverts[1] par heure », annonce Hideaki Noro, réglé comme un métronome. En d'autres termes, c'est peu dangereux. Mais personne n'aurait la mauvaise idée d'enlever son masque. À ma gauche, s'alignent des cylindres gris, bien plus petits, peut-être trois mètres de haut, liés les uns aux autres. J'imagine qu'il s'agit des systèmes de décontamination. Et puis, voici d'énormes

1. **Microsieverts** : le sievert est l'unité utilisée pour mesurer la dose de radiation absorbée par un organisme vivant ; le microsievert vaut 1 millionième de sievert.

caveaux de béton ou ce qui y ressemble, qui pourraient bien cacher le système mobile de décontamination du strontium.

Enfin, le clou du déplacement. Le bus stoppe. D'abord, j'enlève mes surchaussures. Puis j'emprunte une petite voie construite en bois, quelques marches d'escalier, où la petite troupe de journalistes se presse en file indienne. Nous voici sur une terrasse en surplomb. En contrebas, les quatre réacteurs. Temps suspendu. Chacun retient son souffle (mais pas trop, vu le masque !) à la vue des fauteurs de trouble. Du promontoire, il est permis de les examiner sur toute leur hauteur. De l'autre côté de notre petite falaise, chacun d'eux se campe à sa manière, relooké (le 1), d'apparence peu abîmée (le 2), destroy (le 3), martial[1] mais dans le brouillard (le 4). Pas question cependant de les contempler trop longtemps. Débit de dose, 290 microsieverts par heure. Hideaki Noro n'a aucune envie que notre bande de journalistes s'éternise. Or, chacun, tel jadis au sommet des défuntes Twin Towers de New York ou de la toujours fringante tour Eiffel, veut la photo souvenir. Non pour le sourire, enfoui sous le masque, mais pour prouver, nom écrit en gros sur la combinaison, qu'elle (il) y était et affirmer *veni, vidi*. Quant au *vici*[2], on le laisse donc à tous ces autres, les travailleurs que l'on aperçoit déambuler ici en haut ou là, en bas, comme pensifs sous leur masque et tout de blanc vêtus.

Il faut repartir vers le bus et éviter la pluie. Le cœur n'y est plus tout à fait. [...]

---

1. **Martial** : à l'allure imposante.
2. ***Veni, vidi, vici*** : mots latins signifiant « je suis venu, j'ai vu, j'ai vaincu », par lesquels Jules César, au Ier siècle av. J.-C., annonça au sénat romain la rapidité avec laquelle il venait de remporter une victoire militaire.

16 h. Fini la combinaison blanche. Je réintègre un bâtiment. Alors, le temps s'accélère. Déshabillons-nous ! Non sans qu'un technicien ait vérifié auparavant au compteur que nous n'émettons pas trop de rayonnements imprévus. Tout y passe, cou, mains, dos, haut du crâne, bras et jambes... Le nombre de coups par minute est dans la zone verte du cadran.

16 h 30. Une toute petite dose. Chacun va pouvoir enfiler à nouveau ses vêtements et rentrer. Il faudra encore repasser par deux autres appareillages de mesure, dont celle du corps entier au J-Village. Corvée toujours désagréable, mais réalisée « au cas où ». Sur mon dosimètre, initialement positionné à zéro, je lis le chiffre que Hideaki Noro avait d'ailleurs pronostiqué dès l'entrée : 0,03 (30 microsieverts), soit moins d'un trajet New York-Tokyo en avion. Une toute petite dose pour faire la connaissance d'une si grande catastrophe.

Malala, prix Nobel de la paix (2014)

1 *Le Monde/AFP*[1] | 09.10.2012 | **Dépêche**

L'annonce de l'attaque

Malala, militante de 14 ans, « dans un état critique » après une attaque des talibans[2].

La jeune fille s'était fait connaître en 2009, à 11 ans, en dénonçant les talibans qui incendiaient les écoles pour filles dans la vallée de Swat ➲.

La jeune Malala Yousufzai, connue pour son combat contre les talibans et pour le droit des femmes à l'éducation, a survécu miraculeusement, mardi 9 octobre, à une tentative d'assassinat perpétrée par les rebelles à la sortie de son école dans le nord-ouest du pays. Des chirurgiens ont retiré une balle de l'épaule de la militante pakistanaise de 14 ans. Des médecins locaux avaient indiqué en premier lieu qu'elle était « hors de danger » car une balle ayant touché son crâne n'avait pas atteint le cerveau, mais des médecins d'un hôpital de Peshawar, grande ville du nord-ouest où elle a été transportée, avaient par la suite jugé son état « critique ».

Une équipe de médecins pakistanais s'est rendue mercredi au chevet de la militante antitaliban pour déterminer si elle avait besoin de traitements médicaux à l'étranger. « Aucune décision n'a été prise jusqu'à présent », a ajouté ce responsable militaire. Un Boeing 737 du transporteur pakistanais PIA était sur le tarmac de l'aéroport de

1. **AFP** : sigle de l'Agence France Presse. Elle couvre l'actualité mondiale et transmet les dépêches aux journalistes.
2. **Taliban** : pluriel de l'arabe *talib*, « étudiant en théologie ». Le mot désigne des combattants islamistes présents en Afghanistan et au Pakistan, dont le mouvement s'est amplifié dans les années 1980.

➲ **Traversée par la rivière Swat et proche de la frontière afghane, cette zone montagneuse du nord-ouest du Pakistan attirait de nombreux touristes avant la prise du pouvoir par les talibans en 2008.**

Peshawar, prêt à transporter au besoin l'adolescente à l'étranger, la destination la plus probable étant Dubaï.

Premier Prix national pour la paix

La jeune fille s'était fait connaître en 2009, à 11 ans, en dénonçant sur un blog de la BBC[1] les violences commises par les talibans, qui incendiaient les écoles pour filles et assassinaient leurs opposants dans sa vallée de Swat, comme dans les régions voisines depuis 2007. La jeune fille avait été filmée, en larmes, dans un documentaire télévisé dans lequel elle expliquait vouloir devenir médecin.

Elle avait reçu l'an dernier le premier Prix national pour la paix créé par le gouvernement pakistanais et avait fait partie des nominés au Prix international des enfants pour la paix, de la fondation néerlandaise Kids Rights[2].

Malala Yousufzai a été attaquée en plein jour par des combattants du mouvement des talibans du Pakistan (TTP[3]), allié à Al-Qaida, devant son école de Mingora, la principale ville de Swat, reprise par l'armée aux rebelles en 2009. Un responsable de la police locale, Rasool Shah, a indiqué qu'un des assaillants avait arrêté le bus avant d'ouvrir le feu. « L'un d'eux, qui avait une petite barbe, est monté et a demandé aux enfants laquelle d'entre elles était Malala. Il a tiré trois fois : la première balle a atteint Malala à la tête, la seconde a frappé l'épaule d'une de ses camarades d'école et la troisième a légèrement blessé une autre fille à la jambe », a-t-il déclaré.

---

1. **BBC** : sigle de Broadcasting British Company, la radiotélévision britannique.
2. **Kids Rights** : mots anglais signifiant « droits des enfants ».
3. **TTP** : Tehrik-e-Taliban Pakistan, mouvement taliban pakistanais.

« Elle est dans un état critique »

La jeune fille a été transportée dans un hôpital proche de Mingora, où les médecins l'ont d'abord jugée extrêmement chanceuse. La jeune fille a ensuite été transférée dans un hôpital militaire de Peshawar, où le pronostic était bien moins optimiste en début de soirée. « Elle est dans un état critique, *a jugé un des médecins locaux, en soulignant que la balle s'était logée près de la nuque après lui avoir traversé la tête.* Elle est en soins intensifs et semi-consciente, mais pas sous respirateur artificiel. Les trois à quatre jours prochains seront déterminants pour sa survie. »

L'attaque a été revendiquée par Ehsanullah Ehsan, porte-parole du TTP : « Nous l'avions prévenue plusieurs fois qu'il fallait qu'elle cesse de parler contre les talibans, qu'elle arrête de soutenir les ONG occidentales et qu'elle prenne le chemin de l'islam. Quiconque critiquera les talibans subira le même sort », a-t-il déclaré à l'AFP par téléphone et depuis un lieu inconnu. L'assaut a été condamné par le président Asif Ali Zardari, qui a toutefois indiqué qu'il n'entamerait pas la détermination de son gouvernement à combattre les rebelles islamistes et à défendre le droit des femmes à l'éducation.

2 *Paris Match* | 18.10.2012 | **Article**

Le récit de l'attaque

Malala, la petite fille qui fait peur aux talibans

Un homme, arme à la main, monte dans le bus scolaire et demande : « Qui est Malala ? »…

Sur le bord de la route Haji Baba, à Mingora, le chef-lieu de la vallée de Swat, les deux hommes attendent. Le bus qui ramène chez eux les élèves de l'école publique de Kushal emprunte tous les jours cette voie très fréquentée. À l'intérieur, c'est la cohue de la fin des cours, la joie du retour à la maison. Le bus s'arrête brusquement. Un des deux hommes se hisse à bord, une arme à la main. Le silence se fait. « Qui est Malala Yousafzai ? » demande-t-il. Il avance dans l'allée centrale, parmi les sièges où se pelotonnent les adolescentes terrorisées. Les regards se tournent vers Malala. Il a identifié sa cible : une enfant, une gamine de 14 ans, son cartable sur les genoux. Il lève le bras et tire. Trois coups de feu. Dans la tête d'abord, puis dans le haut de la poitrine. Il touche également deux amies de Malala, Shazia et Kainat. Avant de s'évanouir, Kainat se souvient de Malala étendue « dans un bain de sang ».

« J'ai fait un terrible rêve hier… Il y avait des hélicoptères militaires et des talibans », écrivait Malala le 3 janvier 2009. Ces quelques mots, ceux d'un cauchemar, sont les premiers de son journal, publié par le site en ourdou[1] de la BBC. À tout juste 11 ans, elle y raconte ses aspirations, ses rêves, son amour de l'école que les pressions des extrémistes talibans tentent d'étouffer. La fraîcheur de sa pensée, la spontanéité de son langage sans fioritures[2], sa sincérité et son courage la

1. **Ourdou** : langue parlée dans le nord de l'Inde et au Pakistan.
2. **Sans fioritures** : sobre et efficace.

rendent vite très populaire. Malala décrit aussi ses souffrances, le climat de paranoïa[1] qui lui pèse. Un jour, sur le chemin de l'école, elle entend un homme crier: « Je vais te tuer » ; elle pense que ça lui est adressé avant de réaliser que l'individu parle à quelqu'un d'autre, au téléphone. Malala a peur. Quand elle commence ce journal, l'armée pakistanaise vient de lancer une offensive pour déloger les talibans de la vallée de Swat : ils l'occupent depuis deux ans et viennent d'édicter un texte interdisant l'école aux filles. Malala écrit d'abord en cachette, sous le pseudonyme de Gul Makai, « visage de fleur » en ourdou. Même si, malgré son jeune âge, elle a conscience du danger, Malala ne parvient pas à garder son secret.

« Mes amis m'ont dit que je mettais ma vie en danger, *a-t-elle expliqué*. Mais ils ont admis qu'ils étaient quand même bien contents que quelqu'un parle pour eux ! ». À l'époque, Malala est scolarisée dans l'école tenue par son père, Ziauddin Yousafzai. Ziauddin la soutient. C'est un homme respecté de la communauté locale de Mingora, président d'une association regroupant les centaines d'écoles privées de la vallée et opposant déclaré des talibans, qui le persécutent et font fermer son établissement. Malala écrit : « Cinq écoles de plus ont été détruites, dont une près de chez moi. Je suis étonnée, parce qu'elles étaient déjà fermées. Alors pourquoi les détruire ? » Quelques semaines plus tard, obligée de rester enfermée à la maison alors que ses frères vont en classe, elle ajoute : « Voir mon uniforme, mon cartable, ma boîte de géométrie, ça me rend triste. » Mais Malala ne se plaint pas. Comme plus d'un million d'habitants, victimes des offensives de l'armée et des attaques de drones américains, la famille quitte la région et part s'installer à Abbottabad, où sera arrêté

1. **Paranoïa** : méfiance, inquiétude exagérée.

Oussama Ben Laden[1], avant de revenir dans la vallée, à Mingora, quelques mois plus tard. Malala retourne en cours mais la situation reste instable. Elle et ses amies doivent rester discrètes, éviter de porter leurs vêtements d'écolières, cacher leurs livres sous leurs foulards. « Notre directeur nous a dit de ne pas porter nos uniformes pour venir à l'école et de mettre des habits normaux à la place, *écrit-elle.* J'ai donc mis ma robe préférée, une robe rose. D'autres filles en portaient aussi de couleurs vives, et l'école avait l'air plus accueillante comme ça. Mais pendant la réunion du matin, on nous a dit de ne pas porter de couleurs vives parce que cela ne plairait pas aux talibans. »

Quels hommes sont assez faibles pour se sentir menacés par les mots simples et pudiques d'une fillette en robe rose au point de vouloir la tuer ? [...]

Flore Olive, *Paris Match*/Scoop

3 *Le Monde* | 12.12.2012 | **Entretien**

Une politique contre l'extrémisme

Entretien avec la chef de la diplomatie pakistanaise. « Il faut mener les discussions avec les talibans sur le sol afghan. »

En marge de l'hommage rendu, lundi 10 décembre, par l'Unesco, à Paris, à la jeune Malala Yousafzai, symbole de la lutte pour l'éducation des filles, victime d'une tentative d'assassinat par les talibans le 9 octobre, au Pakistan, la ministre des Affaires étrangères pakistanaise, Hina Rabbani Khar, a accordé un entretien au *Monde*. Elle s'exprime sur la pression des extrémistes dans son pays et sur le processus de réconciliation entre les talibans et le gouvernement afghan.

1. **Oussama Ben Laden** : chef d'Al-Qaida, organisateur des attentats du 11 septembre 2001 aux États-Unis.

Avez-vous peur de voir Malala devenir un symbole de l'opposition entre l'Occident et les pays musulmans ?

Malala n'est pas un symbole de division entre l'Occident et l'Orient. C'est la question universelle des droits de l'homme qui est en jeu. L'islam n'est pas une religion d'intolérance où la femme devrait se voir interdire d'éducation. Une nouvelle fois, les interprétations abusives[1] du Coran sont utilisées à des fins extrémistes. De plus, le Tehrik-e-Taliban Pakistan [*le mouvement des talibans pakistanais*], qui a revendiqué l'attaque contre Malala, a perdu la partie sur le terrain du symbole. L'opinion pakistanaise a été choquée par cet acte. Les extrémistes se font entendre parce qu'ils utilisent la violence, mais ils ne sont qu'une petite minorité dans notre pays.

La population pakistanaise ne risque-t-elle pas de considérer que Malala, c'est encore une cause qui n'est pas la sienne ?

C'est inexact. Ce qui est arrivé à Malala met en lumière une question qui concerne d'autres filles de son âge au Pakistan, celle du respect des droits des femmes en général et de l'accès à l'éducation en particulier. Au Pakistan, cette affaire va contraindre le pays à choisir son camp : celui de la modernité ou celui de l'obscurantisme[2]. Qui peut défendre un tel acte ? En revanche, le condamner, c'est rappeler ce qu'est le bien. C'est renforcer le droit au Pakistan. [...]

Propos recueillis par Jacques Follorou.

1. **Abusives** : fausses et exagérées.
2. **Obscurantisme** : refus du progrès ; contraire de *progressisme*.

LECTURE ACTIVE 3

→ Voir aussi
étape 2, p. 120

Malala • Une personnalité admirable

As-tu bien lu ?

1 Quelle est la principale cause défendue par Malala ?
- ☐ la paix avec les talibans au Pakistan
- ☐ la liberté pour les femmes de ne plus porter le foulard ou l'uniforme à l'école
- ☐ l'éducation pour les filles au même titre que les garçons

2 **Doc. 1 et 2 p. 44 et 47.** Quel événement marquant a fait de Malala une victime de l'extrémisme religieux ?

3 **Doc. 2 et 4 p. 47 et 52.** Quel membre de sa famille l'a particulièrement soutenue et influencée dans son combat ? Justifie ta réponse.

4 **Doc. 1, 2, 3 p. 44 et 50.** Quelle prestigieuse récompense Malala a-t-elle obtenu en octobre 2014 ?

L'atelier

Comparer dépêche et reportage

▶ ***Objectif.*** Distinguer une dépêche* d'un reportage*.

▶ ***Préparation.*** Former deux groupes de deux élèves. Lire dans le lexique (p. 150) les définitions d'une dépêche et d'un reportage.

▶ ***Réalisation.*** Votre établissement a été choisi pour accueillir Malala, désireuse de sensibiliser les jeunes Européens à la situation de son pays et de partager ses valeurs. Le premier binôme est chargé de rédiger une **dépêche d'agence de presse** : il informe de l'arrivée de Malala en France, et de sa visite dans votre établissement. Le deuxième binôme reprend les informations de la dépêche pour rédiger un **reportage** sur cet événement : il raconte les préparatifs de la rencontre avec Malala, les échanges qu'elle a menés avec les collégiens, et insère des témoignages d'adultes ou d'élèves.

▶ ***Réfléchir ensemble.*** Quelles sont les différences entre la dépêche et le reportage, par rapport à leur longueur, leur contenu et leur fonction ?

4 *Le Monde* | 13.12.2013 | **Photographie**

Malala et son père devant CNN[1]

Connue dès l'âge de 11 ans par ses articles sur le blog de la BBC, Malala a été érigée par les médias comme porte-parole des femmes pour l'éducation et a acquis une renommée internationale. Son père, Ziauddin Yousafzaï, l'a inspirée et soutenue dans son combat : lui-même était militant pour l'éducation et propriétaire d'une école.

▲ Malala Yousafzaï et son père se prêtent au jeu des photographes avant un entretien accordé à la chaîne de télévision américaine CNN, le 10 octobre, à New York.
© John Moore/Getty

LE DOCUMENT EST REPRODUIT EN COULEUR SUR LE PLAT 2 DE COUVERTURE.

1. **CNN** : sigle de Cable News Network, chaîne de télévision américaine d'information en continu.

5 *Le Monde* | 10.10.2014 | **Vidéo**

Malala récompensée par le prix Nobel de la paix

Le 10 octobre 2014, soit deux ans après son agression, Malala s'ajoute à la liste des grandes personnalités lauréates du prix Nobel de la paix, dont elle est à 17 ans la plus jeune. C'est une consécration pour celle qui est à la fois vue comme martyre de l'extrémisme et symbole de la lutte pour l'éducation. Pourtant, elle ne fait pas l'unanimité dans son pays, et se heurte aux reproches des obscurantistes ou des amateurs de théories du complot.

http://abonnes.lemonde.fr/asie-pacifique/article/2014/10/10/la-jeune-pakistanaise-malala-yousafzai-recompensee-par-le-prix-nobel-de-la-paix_4504255_3216.html

6 *Libération* | 11.12.2014 | **Portrait**

Malala, une rescapée des talibans... Nobel de la paix

La jeune Pakistanaise a été récompensée vendredi pour son combat en faveur de l'éducation des filles, mais se heurte à l'hostilité des conservateurs de son pays.

Qu'importe le prestige du prix Nobel, le monde entier a dû attendre que Malala ait achevé sa journée d'école vendredi pour connaître sa réaction après cette extraordinaire récompense : tout un symbole... Plus jeune lauréate de l'histoire des prix Nobel de la paix, Malala vient, à 17 ans, de faire tomber une nouvelle barrière dans sa vie de jeune prodige[1]. Cette jolie et brillante adolescente, au charisme et à l'aplomb saisissants, milite déjà depuis longtemps pour les droits et l'éducation des filles. Dans sa vallée du nord-ouest du Pakistan, elle

1. **Prodige** : personne extraordinairement douée.

a défié des traditions tribales ultraconservatrices[1], clamé son droit à l'éducation, puis refusé l'oppression des talibans qui terrorisaient sa vallée. « Elle remplit de fierté le Pakistan et les Pakistanais », s'est félicité le Premier ministre, Nawaz Sharif, exhortant « les garçons et filles du monde entier [à] suivre son exemple ». Les nouvelles positives sont rares au Pakistan, régulièrement ensanglanté par des attentats talibans et qui peine à résister à la radicalisation[2].

Coma

L'incroyable destin de Malala s'est forgé tragiquement il y a deux ans, le 9 octobre 2012, quand des extrémistes attaquent son minibus scolaire à la sortie de son école à Mingora, capitale de sa vallée de Swat. L'un d'eux lance : « Qui est Malala ? » puis tire sur l'adolescente de 15 ans, qui est grièvement blessée à la tête. L'horreur et l'émoi suscités dans le monde en feront l'icône[3] internationale du combat contre l'extrémisme religieux. Après six jours de coma et une évacuation médicale en Angleterre, Malala revient miraculeusement à la vie. Elle endurera plusieurs opérations, et gardera une partie de la bouche paralysée. Exilée avec sa famille à Birmingham, elle aurait pu se consacrer seulement à son éducation.

Mais, dès son rétablissement, elle a fêté ses 16 ans à la tribune de l'Onu, couru les conférences et rencontré des chefs d'état, reçu des prix prestigieux, publié une autobiographie traduite dans le monde entier... Bien malin qui aurait pu lui prédire un tel destin depuis Swat, surnommé la « Suisse du Pakistan » pour ses paysages de montagne enchanteurs. Dans sa tribu pachtoune ➲ très conservatrice, même si

1. **Ultraconservatrices** : fortement liées aux valeurs du passé et refusant les avancées sociales.
2. **Radicalisation** : adhésion à des idées extrémistes.
3. **Icône** : image.

➲ **Les Pachtounes, groupe ethnique dominant de l'Afghanistan (surtout à l'est et au sud), ainsi que dans la province du nord-ouest du Pakistan, sont répartis en une multitude de tribus, elles-mêmes divisées en clans.**

des filles vont à l'école, leurs vies se figent souvent après un mariage précoce, étant ensuite confinées à la maison. La trajectoire de Malala, son amour pour les livres et l'école, a été inspirée par un autre militant des droits de l'homme réputé, son propre père, Ziauddin Yousafzaï, directeur d'une école pour filles à Mingora, et habitué des médias.

Leur vie paisible bascule lorsqu'en 2007, les talibans prennent le contrôle de la vallée de Swat, imposent la charia, pendent leurs opposants, et s'attaquent aux écoles pour filles. À seulement 11 ans, Malala commence en 2009 à raconter dans un blog en ourdou[1] publié par la BBC la vie sous la férule de[2] ces islamistes radicaux. Sous un pseudonyme et la supervision de son père, elle est l'une des seules voix à dénoncer cette oppression. Les talibans ne lui pardonneront jamais, d'autant que même après la reprise de la vallée par l'armée pakistanaise au printemps 2009, elle multiplie les déclarations progressistes[3] dans les médias, dans un pays où les libéraux osent de moins en moins émettre leurs points de vue…

Écoles fantômes

Ce Nobel a donc une résonance toute particulière au Pakistan, toujours le théâtre de violences terribles contre les femmes et où plus de cinq millions d'enfants n'ont pas accès à l'éducation, le pire taux de toute l'Asie. À cause des menaces extrémistes dans certaines régions, mais aussi d'un système éducatif très défaillant dans d'autres, comme ces milliers d'« écoles fantômes » où les professeurs ne viennent jamais enseigner… Ces dernières années, plus de 1 200 écoles du nord-ouest ont été attaquées par les islamistes, souvent à la bombe.

1. **Ourdou** : langue parlée dans le nord de l'Inde et au Pakistan.
2. **Sous la férule de** : sous la domination.
3. **Progressiste** : qui défend la transmission du savoir ; contraire d'*obscurantiste*.

Le gouvernement mettant des années à les réhabiliter[1], des milliers de fillettes sont privées d'éducation, ou condamnées à étudier à ciel ouvert dans des bâtiments en ruines (lire *Libération* du 13 mars 2013)...

« C'est un très grand moment pour le Pakistan, mais surtout pour nous tous de la société civile qui défendons les droits des femmes et l'éducation pour les filles », commente à *Libération* la militante féministe Marvi Sirmed. Elle admire notamment l'« engagement viscéral[2] » et le « formidable courage » de la jeune fille.

Pays troublé

Mais le plus grand défi pour Malala reste sans doute de faire accepter son combat dans son propre pays, où elle est encore largement critiquée par une partie conservatrice de la société. Dans un Pakistan spécialiste des théories du complot, elle a été accusée pêle-mêle d'être « anti-islam », de « bafouer » les traditions de cette République islamique, d'être « manipulée » par les Occidentaux... « C'est triste à dire, mais ce Nobel est plus symbolique pour le monde que pour une majorité de Pakistanais. Dans ce pays troublé et encore confus sur ces sujets sensibles, le combat de Malala passe mal dans les milieux ultraconservateurs, et est fustigé[3] par les islamistes », confie Saifullah Khan, directeur d'un centre de recherches sur les zones tribales. « Malala n'a pas non plus fait grand-chose concrètement pour l'éducation ici depuis qu'elle a gagné en renommée... », poursuit-il, faisant écho à un reproche souvent entendu.

La jeune fille a participé à la mise en place d'un fonds mondial pour l'éducation des filles, le « Fonds Malala », dont on peine encore à voir les avancées au Pakistan. Si les réseaux sociaux ont été inondés de

1. **Réhabiliter** : remettre en état.
2. **Engagement viscéral** : engagement qui vient des convictions les plus profondes.
3. **Fustigé** : violemment critiqué.

messages de félicitations, aucune célébration particulière n'a eu lieu dans le nord-ouest où, étant donné la présence des espions talibans, il reste dangereux d'afficher son soutien à Malala...

Mi-septembre, l'armée a annoncé avoir arrêté les dix auteurs de l'attaque dont elle avait été victime. Mais le combat pour l'éducation reste colossal. Début octobre, une enseignante a ainsi été tuée par une attaque à la grenade contre une école de Peshawar (nord-ouest), blessant aussi des enfants. L'établissement avait reçu des menaces exhortant les élèves à porter des tuniques longues traditionnelles plutôt que des vêtements occidentaux...

Lucie Peyterman (correspondante à Islamabad)

7 *La Croix* | 17.10.2016 | **Éditorial**

L'éducation, la chance des filles

▲ **Au Pakistan, une jeune mariée de 12 ans va signer le Nikah (l'acte de mariage) devant le mollah** (photo parue dans *La Croix* du 11 octobre 2016). © Sarah Caron/Hans Lucas.

On aurait pu choisir la magnifique photo publiée ce jour-là en une de *La Croix*. Une très belle jeune fille yéménite[1], seule, est assise sur un bord de lit, dans un décor sommaire éclairé de deux ouvertures creusées dans un mur de terre ; le visage triste, le regard tourné vers on ne sait quoi, on ne sait qui, elle attend avec inquiétude. Ce que dit l'image publiée en pages 2-3 (*La Croix* du mardi 11 octobre) est plus terrible encore, parce qu'elle raconte une mascarade[2]. Il s'agit des mariages forcés auxquels sont contraints, sur plusieurs continents, des filles et des garçons à un âge trop précoce. Là, nous sommes au Pakistan et la jeune épouse de 12 ans, parée de rouge, signe – comme si elle était maîtresse de sa destinée – un contrat de mariage devant un mollah[3]. On ne voit que des femmes autour d'elle (mère, grand-mère, tante ?) : elles ont le visage tendu, inquiet peut-être, elles ne se réjouissent pas. L'homme qui orchestre la comédie du consentement ne la regarde même pas.

Les photos sont dures. Pourtant, l'information mise en avant par les journalistes soulève des espoirs. Car le nombre de ces mariages forcés (dont on nous précise qu'ils diffèrent des mariages arrangés auxquels les jeunes gens ont la possibilité de se soustraire) décroît lentement. Notamment en raison de la scolarisation plus longue des filles, de l'élévation du niveau de vie dans certaines régions, mais aussi de la volonté politique de les combattre, par la fixation d'un âge légal minimum pour le mariage.

Les raisons de telles pratiques sont multiples : la tradition, certes, le statut inférieur de la femme, mais aussi la pauvreté qui pousse les

---

1. **Yéménite** : originaire du Yémen, pays très pauvre situé au sud de la péninsule d'Arabie.
2. **Mascarade** : mise en scène qui vise à tromper le spectateur.
3. **Mollah** : titre donné aux personnalités religieuses dans l'islam.

familles à rechercher la dot de leurs filles, le souci de les protéger d'une grossesse précoce qui les déshonorerait... Si bien que la solution ne peut que combiner deux objectifs : la lutte contre la pauvreté et l'éducation des filles. Cette éducation, si importante, qui leur donne autonomie et chance de prendre en main leur destin. Et celui de leur communauté.

Montrer qu'un progrès est en marche, qu'il y a des solutions, des pistes, même si beaucoup reste à faire, est une nécessité. Parce que c'est une information au même titre que les nouvelles dramatiques dont l'actualité regorge. Cela donne un espoir aux jeunes gens des régions les plus concernées et convainc ceux qui seraient découragés que l'engagement pour l'éducation des filles et le combat contre la pauvreté portent des fruits concrets. Cela vaut le coup de s'y consacrer.

Des visages nous y invitent. Comme celui de Sonita et son sourire éclatant. L'héroïne du documentaire de Rokhsareh Ghaem Maghami, jeune Afghane réfugiée en Iran, qui a choisi de s'émanciper par la musique, témoigne. Sous son voile vert, elle fait irrésistiblement penser à Malala, la jeune Pakistanaise récompensée par un prix Nobel de la paix en 2014 pour son combat en faveur de la scolarisation des filles, elle qui fut victime d'une tentative d'assassinat par les talibans, il y a quatre ans. L'une comme l'autre n'aspirent pas seulement à s'en sortir, à devenir les femmes libres qu'elles rêvent d'être. Elles veulent tendre la main à leurs sœurs de malheur.

Dominique Quinio

8 *liberation.fr* | 20.01.2015 | **Article + vidéo**

L'accès à l'éducation dans le monde ne progresse pas

121 millions d'enfants et d'adolescents ne sont pas scolarisés, selon un rapport publié lundi par l'Unesco et l'Unicef.

Sans surprise, la promesse n'aura pas été tenue. En l'an 2000, les Nations unies s'étaient fixé l'objectif de parvenir à « l'éducation universelle primaire » en 2015. À l'heure du bilan, force est de constater que le résultat est désastreux.

D'après un nouveau rapport, publié lundi par le Fonds des Nations unies pour l'enfance (Unicef) et l'Organisation des Nations unies pour l'éducation, la science et la culture (Unesco), 121 millions d'enfants et d'adolescents sont privés de leur droit à l'éducation. Parmi eux, certains ne sont jamais allés à l'école, d'autres ont « abandonné » en cours de route. Le risque d'être déscolarisé augmente avec l'âge. 63 millions d'« adolescents » âgés de 12 à 15 ans (un sur cinq), et 58 millions d'enfants âgés de 6 à 11 ans (un sur onze) ne vont pas à

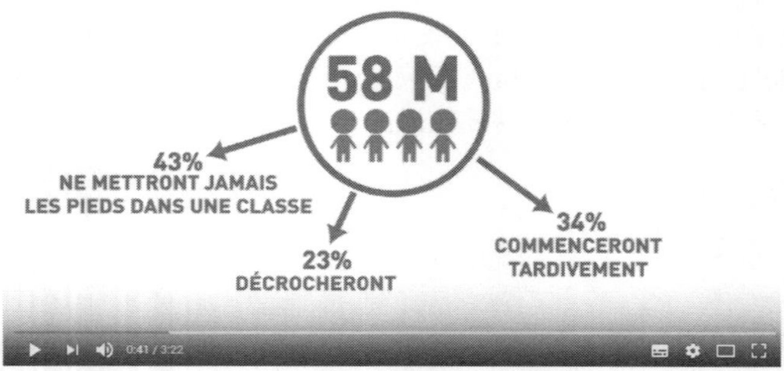

▲ **https://youtu.be/3llCK8Q-lWA**

l'école. Les deux organisations estiment que 25 millions, parmi ces derniers, n'entreront jamais dans une salle de classe au cours de leur vie si la situation persiste.

Malgré une baisse considérable du nombre d'enfants déscolarisés de 2000 à 2008 (passé de plus de 100 millions à 60 millions pour les 6-11 ans), le chiffre a fini par stagner. D'après l'Unicef et l'Unesco, aucun progrès significatif n'a été accompli depuis. L'absence d'améliorations statistiques serait notamment due à l'augmentation de la population africaine. Sur ce continent, 30 millions d'enfants ne sont pas scolarisés.

Conflits, travail et discrimination

Les facteurs expliquant la déscolarisation sont nombreux et souvent complexes. Mais il est possible de pointer du doigt certains obstacles majeurs. Comme l'explique la vidéo ci-dessus, les filles de régions rurales sont souvent exclues ; phénomène accentué par les maternités précoces. Le drame des enfants ouvriers ou soldats et les discriminations envers les personnes handicapées expliquent aussi pour beaucoup l'absence d'éducation.

Une infographie* ludique et très complète accompagne également le rapport. Elle détaille par pays les données disponibles, notamment en fonction du milieu social des enfants et de leur sexe. À noter qu'il y a plus d'enfants ouvriers que d'enfants déscolarisés (168 millions selon les derniers chiffres de l'Organisation internationale du travail publiés en 2013, soit une baisse de 31 % depuis l'an 2000). Cet écart s'explique peut-être par le fait que certains enfants, en partie scolarisés, travaillent tout de même une fois rentrés chez eux. Ce phénomène, qui s'organise souvent dans le cadre familial, est très difficile à quantifier.

▲ **Chercher dans Google image, enfants-education-unicef-unesco.**

Le rapport fait plusieurs recommandations pour améliorer la situation. Dans les pays ensanglantés par des guerres par exemple, l'Unicef et l'Unesco aimeraient que les gouvernements comprennent que la scolarisation des enfants, surtout dans une période post-conflit, doit « soutenir la reprise de l'activité économique et sociale, de manière à empêcher de nouvelles flambées de violences ».

L'ambition de cette étude est surtout de réunir un maximum d'informations, de statistiques, de manière à servir d'outil pour les décideurs politiques. « Nous avons besoin de mieux savoir qui ils sont [les enfants déscolarisés], où ils sont et exactement pourquoi ils sont déscolarisés. Sans de bonnes données, les gouvernements ont des difficultés à établir ce que sont les problèmes et où ils se trouvent. Par conséquent, une réponse efficace est difficile. ». À ce jour, ce rapport serait la meilleure base de données au sujet des enfants déscolarisés.

Gabriel Pornet

9 *Plan international* | 21.08.2015 | **Sondage**

L'éducation des filles, un enjeu majeur mais abstrait pour les Français

Selon un sondage initié par l'ONG* Plan international, *un Français sur deux estime que l'accès des filles à l'éducation est aussi important que la lutte contre la faim ou la protection de l'environnement. Mais la plupart des citoyens ont une connaissance très limitée, voire fausse, du sujet.*

* Sondage réalisé en ligne du 19 au 21 août 2015 auprès d'un échantillon de 1005 personnes représentatif de la population française.

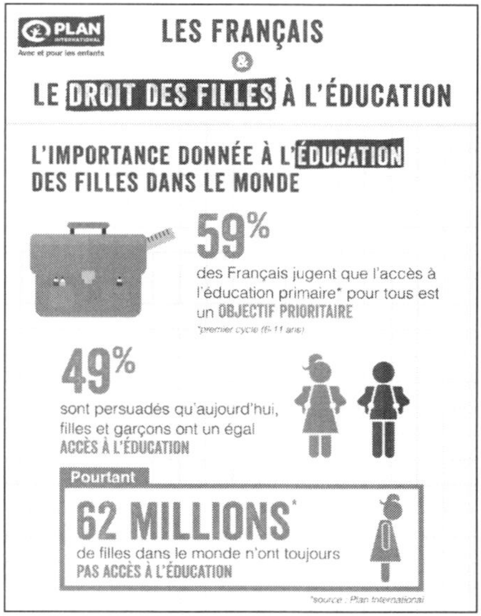

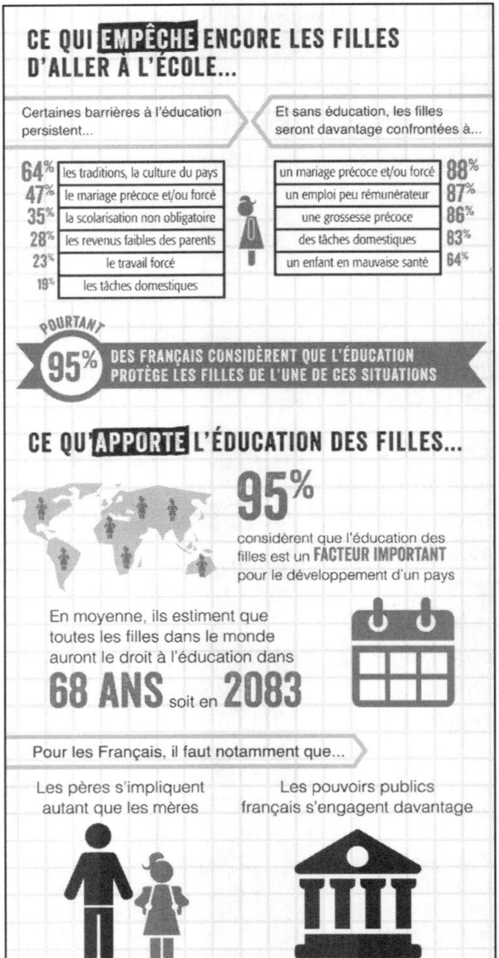

Réalisé par OpinionWay (institut d'études politiques situé à Paris) pour Plan international.

LECTURE ACTIVE 4

→ Voir aussi
étape 2, p. 120

Malala • Un engagement à dimension internationale

As-tu bien lu ?

1 **Doc 5 et 6 p. 53.** Qui désapprouve le combat de Malala ?
- ☐ les conservateurs
- ☐ les Occidentaux
- ☐ le gouvernement pakistanais
- ☐ sa famille

2 **Doc. 3 p. 49.** De quoi Hina Rabbani Khar (la ministre pakistanaise des Affaires étrangères) accuse-t-elle les extrémistes ?

3 **Doc 7 p. 57.** Quelle jeune fille est comparée à Malala dans son combat pour l'émancipation des femmes ?

4 **Doc 8 et 9 p. 60 et 63.**
a. Les enfants ont-ils aujourd'hui plus facilement accès à l'éducation qu'auparavant ?
b. Quelles organisations ont fourni les éléments de réponse à ces questions ?

L'atelier

Réaliser un entretien

▶ ***Objectif.*** Mettre en scène un entretien entre un journaliste et un adolescent qui s'engage pour défendre une cause.

▶ ***Préparation.*** Former des équipes de deux élèves, qui rédigent ensemble un **entretien**.

▶ ***Réalisation.*** Présenter cet entretien, soit par une mise en scène devant la classe, soit par un enregistrement audio ou vidéo.
Se répartir les rôles. Le journaliste devra interroger son interlocuteur sur les raisons de son engagement et sur les moyens qu'il compte utiliser pour réaliser ses projets.

▶ ***Réfléchir ensemble.*** De quels moyens dispose-t-on, quand on ne détient pas le pouvoir politique, pour partager ses idéaux et s'engager pour une cause ?

La photo d'Aylan à la une de la presse (2015)

1 *Le Parisien-Aujourd'hui en France* | 03.09.2015 | **Brève**

Migrants : les photos du corps d'un enfant noyé suscitent l'effroi

La publication des photos du corps sur une plage turque d'un petit garçon mort noyé après le naufrage de deux embarcations de réfugiés syriens tentant de rallier la Grèce, suscitait des réactions d'effroi hier dans la presse et sur les réseaux sociaux. Les deux bateaux étaient partis dans la nuit de la ville côtière turque de Bodrum à destination de l'île grecque de Kos ➔ lorsqu'ils ont chaviré. Rapidement prévenus par les cris des naufragés, les sauveteurs ont repêché douze corps sans vie dont celui d'Aylan Kurdi, un petit garçon âgé de 3 ans. L'une des photos le montre, tee-shirt rouge et short bleu, face contre terre, sur une des plages de la station balnéaire de Bodrum. Sur une autre, un gendarme turc le porte devant la mer.

Un nombre croissant de migrants[1], pour l'essentiel des Syriens, des Afghans et des Africains, tentent de traverser la mer égée pour rejoindre les îles grecques, portes d'entrées de l'Union européenne. Les autorités turques affirment avoir secouru 42 000 migrants au large de leurs côtes depuis le début de l'année.

1. **Migrant** : personne qui se déplace dans un autre pays pour y trouver du travail (migration économique) ou pour fuir la guerre ou les persécutions (dans ce dernier cas, la personne est considérée comme réfugiée et bénéficie de la protection du pays d'accueil).

➔ **La ville turque de Bodrum et l'île grecque de Kos sont séparées par un bras de mer de moins de trente kilomètres.**

2 *Le Parisien-Aujourd'hui en France* | 03.09.2015 | **Photo**

Migrants : les photos du corps d'un enfant noyé suscitent l'effroi

Le 2 septembre 2015, le corps sans vie d'un enfant syrien de trois ans est découvert sur la plage de Bodrum, en Turquie. La photojournaliste turque Nilüfer Demir le prend en photo. L'image est diffusée dans le monde entier, provoquant à la fois une prise de conscience des gouvernements européens sur la gravité de la « crise des réfugiés » et une polémique sur l'utilisation de l'image d'un enfant victime de la barbarie.

▲ **Officier de police turc près du corps sans vie d'un enfant migrant (Aylan Kurdi appelé également Aylan Shenu) sur la plage de Bodrum, dans le sud de la Turquie, le 2 septembre 2015, après le naufrage d'un bateau de réfugiés qui cherchait à atteindre l'île grecque de Kos.** (Auteur : Nilüfer Demir[1].)

LE DOCUMENT EST REPRODUIT EN COULEUR DANS LE CAHIER PHOTOS, P. I.

1. **Nilüfer Demir (née en 1986)** : photographe de l'agence de presse turque Doğan Haber Ajansı.

3 *Paris Match* | 10 au 16 septembre 2016 | **Reportage**

L'odyssée[1] tragique de la famille d'Aylan

Pneumatiques percés, gilets de sauvetage au rabais, mer déchaînée… aucune des douze embarcations parties pour Kos n'est arrivée.

Nilüfer Demir s'est réveillée à 4 heures du matin, ce mercredi 2 septembre, avec le sentiment qu'une nouvelle journée harassante l'attendait. La journaliste de l'agence de presse turque DHA est épuisée : les étés, dans cette station balnéaire de Bodrum où elle est basée, ne lui laissent pas de répit. La ville, qui compte 80 000 habitants, accueille alors plus de 60 0000 vacanciers. Pour la localière[2], qui est à la fois photographe, vidéaste et rédactrice, débute la routine des incendies, des accidents de voiture, des villas visitées, des rixes[3] à la sortie des boîtes. Et, bien sûr, des migrants. À 29 ans, Nilüfer en a vu passer des milliers, des réfugiés pour la plupart, qui, le soir tombé, fixent depuis la plage la guirlande de loupiotes[4] qui incarne leurs rêves. À moins de 5 kilomètres, l'île grecque de Kos paraît si proche que certains n'hésitent pas à tenter l'aventure à la nage.

Quand elle a décidé de faire ce métier, inspirée par un oncle journaliste, Nilüfer avait 17 ans : à l'époque, les migrants affluaient déjà sur les côtes du sud-ouest de la Turquie. Ils étaient Afghans ou Irakiens. Sans avoir jamais quitté Bodrum, la jeune femme a parfois la sensation d'avoir écumé tous les sentiers de ces guerres décidées par

---

1. **Odyssée** : repris du titre du poème d'Homère, l'*Odyssée,* qui raconte le long voyage de retour d'Ulysse dans son île natale, le mot désigne une aventure, un voyage très mouvementé ponctué d'événements imprévus.
2. **Localier(ère)** : journaliste de la presse *locale,* qui travaille dans une région précise.
3. **Visitées** : cambriolées ; **rixes** : bagarres.
4. **Loupiotes** : petites lumières.

l'Occident[1], avec leurs cortèges d'exilés et leurs récits terrifiants. Mais jamais ils n'ont été si nombreux. Des Syriens, désormais. Et pas les plus riches. L'île de Kos, c'est le trajet des pauvres, ceux qui n'ont pas les moyens d'acquitter les sommes extravagantes[2] des traversées plus sécurisées, vers Kalymnos ou Lesbos[3]. En se mariant en juin, Nilüfer avait l'espoir de quelques jours de villégiature[4] avec son mari, un ancien journaliste. Ils ont vite déchanté. Pour lui ménager des pauses, l'agence a même organisé un roulement : un jour au bureau, le lendemain en « tournée ». La « tournée », ce sont ces rives escarpées, trouées de discrètes criques, de plages de sable fin qui s'étendent à l'ouest sur une vingtaine de kilomètres. C'est de là que les passeurs[5] organisent les départs de nuit. Ici, aussi, qu'on découvre au petit matin les oripeaux[6] de ceux qui ont échoué : papiers, pochettes hermétiques contenant l'argent, sacs de sport, vêtements... Et, parfois, leurs cadavres. Il est un peu plus de 6 h 30. Au volant de sa voiture siglée DHA, Nilüfer a dépassé le village d'Akyarlar, effectué plusieurs arrêts pour scruter le rivage dans l'aube naissante. Peu après le phare et son restaurant de poissons huppé, fréquenté par les riches Stambouliotes[7] et quelques touristes européens échappés de leurs villages de vacances « tout compris[8] », la journaliste se gare à nouveau et

1. **Occident** : partie du monde située à l'Ouest. Par analogie, désigne le groupe des pays dits développés et leur civilisation (Europe de l'Ouest, Amérique du Nord).
2. **Extravagantes** : excessives, très importantes.
3. **Kalymnos, Lesbos** : îles grecques situées plus au nord.
4. **Villégiature** : vacances.
5. **Passeurs** : personnes qui aident les migrants à passer d'un pays à un autre contre le paiement d'une somme d'argent souvent très élevée.
6. **Oripeaux** : vieux vêtements, vieilles affaires.
7. **Huppé** : chic ; **Stambouliotes** : habitants d'Istanbul, première ville de Turquie, située en Europe.
8. **Tout compris** : en pension complète ; il s'agit de vacances plutôt bon marché.

inspecte la plage d'Ali Hoca Bumu, en contrebas. C'est à ce moment qu'elle le voit à l'orée de l'eau. Et que son sang se fige.

Il était 3 heures du matin quand ils ont déboulé. Deux passeurs, un Turc et un Syrien, l'air pressé, le ton impérieux : « On y va ! » Abdullah Kurdi, sa femme, Rihanna, et leurs deux enfants ont tout juste le temps de réunir leurs affaires. Voilà plusieurs jours qu'ils attendent dans le jardin d'une discrète bâtisse de Bodrum où ils sont hébergés moyennant une somme modique. Ce long sursis[1], cet entre-deux incertain, a mis leur volonté à l'épreuve, et ce brusque départ leur donne le vertige. Mais les enfants, eux, sont excités. Ghaleb surtout, qui rêve de dévaliser les magasins de jouets de cette Europe dont il a si souvent entendu parler. À 5 ans, il abreuve son père de questions. Pour l'apaiser, Abdullah lui répète que oui, une fois là-bas, il lui achètera ce vélo qu'il ne cesse de réclamer. Aylan, son cadet, âgé de 3 ans, est plus calme. Il est fier de son nouveau tee-shirt rouge et de son pantacourt bleu. Pour aborder cette nouvelle vie, Rihanna a tenu à ce que ses deux garçons soient impeccables. Dans la fourgonnette qui les attend dans la rue, Abdullah aperçoit plusieurs autres candidats à l'exil. Le passeur explique aux passagers que le trajet durera un peu moins d'une heure. Et que, arrivés au point d'embarquement, il leur faudra faire vite, à cause des patrouilles. À peine installé, Abdullah envoie un SMS à sa sœur Fatima : « Ça y est, on part. » Installée à Vancouver[2] depuis vingt-trois ans, mariée à un Italo-Canadien, celle que tous surnomme « Tima » tente depuis plusieurs mois de faire venir légalement ses quatre frères et sœurs au Canada. Son salaire de coiffeuse ne suffisant pas aux garanties financières exigées, elle a obtenu l'aide de plusieurs voisins et amis et décidé de sponsoriser en premier

1. **Sursis** : délai d'exécution d'une peine ; par extension, attente avant la réalisation d'un projet.
2. **Vancouver** : ville de l'est du Canada, sur l'océan Pacifique.

son frère aîné, Mohammed, père de quatre jeunes enfants. Mais leur espoir de rallier le continent américain par la voie officielle s'est effondré en juin : la demande de parrainage privé de réfugiés déposée par Tima a été rejetée. Comme beaucoup de Kurdes syriens, Mohammed n'est pas parvenu à obtenir le statut de réfugiés pour sa famille en Turquie. Pour Ankara[1], pas de statut, pas de visa de sortie. Et sans le précieux document, Ottawa ne peut pas accepter leur dossier.

Abdullah, le frère cadet, a compris que ce refus le concernerait aussi. Il a décidé de partir malgré tout. Ce sera par la route périlleuse des Balkans ➲. Destination le Danemark ou la Suède, a décidé Abdullah en concertation avec sa femme, Rihanna. Il y a désormais trop de Syriens en Allemagne, estime-t-il, et en Suède vit une forte communauté de Kurdes expatriés.

Ils n'ont plus le choix. Depuis que la guerre a débuté en Syrie en 2011, les Kurdi sont condamnés à l'errance. Abdullah ne parvient même plus à assurer la subsistance de sa famille. En 2012, il a d'abord fallu quitter précipitamment Damas[2], où il exerçait lui aussi le métier de coiffeur. Dénoncé pour avoir participé à l'achat de médicaments pour l'opposition ➲, Abdullah a été longuement interrogé par les sbires[3] de la sécurité d'État. Dès qu'il a été libéré, son père a jugé plus

1. **Ankara** : capitale de la Turquie, située en Asie.
2. **Damas** : capitale de la Syrie.
3. **Sbires** : policiers (terme péjoratif).

➲ **Une fois débarqués en Grèce, les migrants empruntent la « route des Balkans », jugée moins périlleuse que le passage par la Méditerranée, pour gagner l'Allemagne ou la Suède. Passant par la Macédoine, la Serbie, la Hongrie et l'Autriche, elle a été empruntée par plus d'un million de personnes durant l'année 2015. Elle est officiellement fermée depuis le 8 mars 2017.**

➲ **En 2011, dans le contexte du « printemps arabe », expression désignant le soulèvement de plusieurs pays du Maghreb (Tunisie, Égypte...) contre leurs gouvernements autoritaires, une vague de protestation se lève contre le régime syrien. Réprimé de manière très brutale, ce mouvement se transforme en guerre civile extrêmement violente et meurtrière.**

prudent de le faire partir vers Alep avec sa famille. Puis, quand les combats ont gagné la ville martyre, les Kurdi ont rallié Kobané ➲, le berceau familial. Au chômage, Abdullah a dû se résoudre à un nouvel exil avant même que la ville kurde ne tombe aux mains de Daech ➲. À Istanbul, il est devenu manœuvre sur les chantiers de construction, une vie de paria[1], une seule pause de cinq minutes et une paie misérable de 16 euros par jour. « Quatre fois moins qu'un ouvrier turc », souligne-t-il. Pas assez pour payer le minuscule appartement dans lequel ils s'entassaient. Tima, depuis Vancouver, assurait leur quotidien. C'est elle aussi qui a financé les deux premières tentatives d'Abdullah pour rejoindre l'Europe, en juin puis en juillet. Il avait alors été convenu qu'il tenterait d'abord sa chance seul. Mais le moteur du canot qui devait l'emmener en Grèce est tombé en panne, et il a dû regagner la rive à la nage. À trois reprises, il a essayé de nouveau de passer, et le sort a semblé s'acharner : les gardes-côtes les ont interceptés. Abdullah veut croire que cette fois sera la bonne. Les passeurs turcs et syriens lui ont expliqué que si leur tarif était aussi élevé, c'est que la traversée était garantie. Il a fallu négocier. Ils demandaient 2 000 euros pour chacun des deux adultes, plus 1 000 par enfant. Ils ont transigé à 4 000 pour toute la famille. Lorsque la fourgonnette

1. **Paria** : personne qui vit dans une grande pauvreté et ne peut s'insérer dans la société.

➲ **Alep, la « ville martyre », est envahie par les rebelles en 2012. Elle sera le siège de combats incessants faisant plus de 21 500 morts, pour finalement être reprise en 2016 par les forces syriennes avec l'aide de l'armée russe. Kobané, ville du district d'Alep dans le nord de la Syrie, est la troisième ville kurde du pays.**

➲ **Daech, abréviation arabe d'État islamique en Irak et au Levant (EIIL ou EI en français), est une organisation terroriste islamiste qui, le 29 juin 2014, proclame l'instauration d'un califat sur les territoires qu'elle contrôle en Syrie et en Irak. L'essor de Daech, considéré comme une organisation politique et sociale de type totalitaire, est notamment lié aux déstabilisations causées par les guerres d'Irak et de Syrie.**

s'arrête au cœur de la nuit et que ses douze passagers clandestins gagnent une petite plage dissimulée par une maison en ruine, Abdullah comprend qu'ils ont été bernés[1]. Mû par un minuscule moteur, le bateau qui doit les conduire à bon port mesure 5 mètres à peine. Abdullah se plaint au passeur, qui fait mine de ne pas l'entendre. « Où va-t-on ? », demande Aylan, son fils cadet, tandis qu'ils embarquent. « En Europe. Tu vas voir, ce sera bien. » Il a décidé d'offrir aux siens « une vie meilleure, loin de l'énorme désastre en cours en Syrie ». Il a peur. Tout comme sa femme, qui, depuis des jours, s'inquiète de cette traversée : elle ne sait pas nager. Mais ils ne reculeront plus.

À l'abri de la petite maison, sur la plage minuscule jonchée de débris, Mahmoud observe depuis des heures le ballet[2] des passeurs. Ce Syrien émigré, devenu interprète pour les journalistes – cette nuit deux Danois –, a l'habitude de ces embarquements précipités : les canots pneumatiques qu'on gonfle à la hâte, le petit moteur électrique fixé à la diable, les instructions sommaires données aux migrants qui consistent à garder le cap[3], celui qu'indiquent les lumières de Kos. Quarante minutes de traversée tout au plus, promettent les passeurs. « Mais, comme souvent, *explique Mahmoud*, ce soir-là, tout allait de travers : il a fallu rafistoler un pneumatique percé, les gilets de sauvetage achetés au rabais par les passagers étaient de piètre[4] qualité et, surtout, la mer, forcie par le meltem, un vent de nord qui s'engouffre dans le détroit, ne leur laissait aucune chance. J'ai conjuré les passeurs de renoncer. Mais il y avait trop d'argent en jeu. Des douze

1. **Bernés** : trompés.
2. **Ballet** : métaphore désignant les va-et-vient des passeurs et de leurs clients.
3. **À la diable** : rapidement et approximativement ; **le cap** : la direction.
4. **Rafistoler** : réparer de façon sommaire ; **piètre** : très mauvaise.

embarcations qui ont pris le large avec 175 passagers, aucune n'est parvenue à destination. Et deux ont fait naufrage : 12 noyés. »

Plus tard, revenu seul sur le rivage, aidé par les gardes-côtes, Abdullah a raconté. Le fragile esquif[1] qui se retourne sitôt parvenu en haute mer. Ses allers-retours, une heure durant, dans la mer déchaînée pour soutenir tour à tour ses deux fils et sa femme. Ghaleb, l'aîné, est parti le premier. Puis Aylan et sa mère. « Je voulais juste leur offrir une vie meilleure. Mais quand j'ai laissé leurs corps filer, je suis mort avec eux. Je comprends que mon fils Aylan soit devenu un symbole. Pour une photographie ? Mais pourquoi maintenant ? Pourquoi aussi tard ? »

Michel Peyrard, *Paris Match*/Scoop

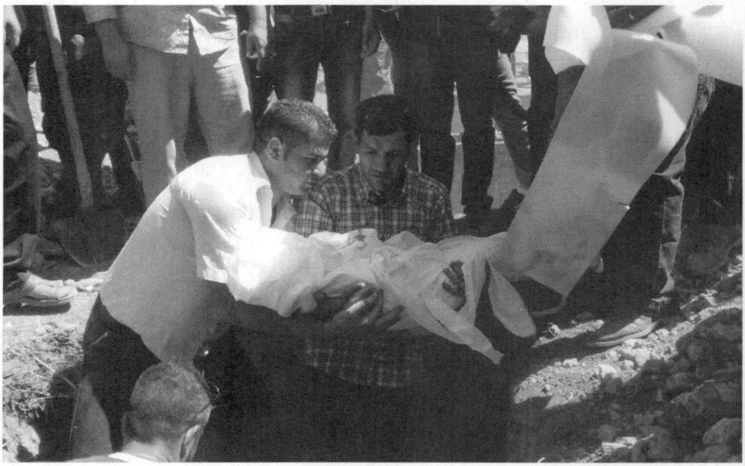

▲ Le père d'Aylan Kurdi tient dans ses bras le corps de son fils durant la cérémonie d'enterrement à Kobané (Syrie), le 4 septembre 2015. Aylan, son frère et leur mère ont été inhumés le même jour à Kobané.

Le document est reproduit en couleur dans le cahier photos, p. I.

1. **Esquif** : petite embarcation légère.

LECTURE ACTIVE 5

→ Voir aussi
étape 3, p. 122

Aylan • La photo qui suscite l'effroi

As-tu bien lu ?

1 **Doc. 3 p. 69.** Par qui la photo a-t-elle été prise ?

2 Où la photo a-t-elle été prise ?
☐ à Vancouver ☐ à Bodrum ☐ à Kos

3 La photo a-t-elle été mise en scène ?

4 Pourquoi, selon toi, a-t-elle été diffusée et commentée très rapidement ?
☐ parce qu'elle montre un enfant innocent
☐ parce qu'elle permet une prise de conscience de la situation des réfugiés
☐ parce que la journaliste qui a pris la photo est connue

L'atelier

Travailler sur la photo de presse

▶ ***Objectif.*** Comprendre, analyser et produire des photos de presse.

▶ ***Préparation.*** Répartir la classe en groupes de cinq. Trouver trois photographies de presse remarquables. Les commenter en indiquant pour chacune : ce qu'elle représente ; les circonstances dans lesquelles elle a été prise ; l'effet qu'elle produit (émotion/information/prise de conscience d'une situation).

▶ ***Réalisation.*** Choisir un sujet accessible lié à l'actualité du collège ou du quartier des élèves. Réaliser trois photos pour : émouvoir, informer, provoquer une prise de conscience. Exposer les recherches à la classe, puis projeter les photos réalisées en les expliquant.

▶ ***Réfléchir ensemble.*** Quels sont les ingrédients d'une bonne photo de presse ? Les photos réalisées par les groupes ont elles rempli ces objectifs ? Pourquoi ?

4 *Aujourd'hui en France* | 05.09.2015 | **Encadré**

Les chiffres clés sur la crise migratoire

- 351 314 migrants sont arrivés en Europe entre le 1er janvier et le 1er septembre 2015, selon l'Organisation internationale pour les migrations (230 000 l'an dernier).
- 2 643 personnes essayant de franchir les frontières de l'Europe y ont laissé leur vie, pour l'essentiel en mer.
- 32 784 demandes d'asile ➲ ont été déposées en France entre janvier et juillet 2015 (64 811 en 2014).
- La Syrie est le pays comptant le plus de départs à l'étranger, devant l'Afghanistan et l'Érythrée.

Migrants ou réfugiés ?

Tous les réfugiés sont des migrants… tous les migrants ne sont pas des réfugiés. Un migrant effectue un déplacement d'un pays vers un autre. « Réfugié » est défini par le droit international. Il s'agit du statut officiel d'une personne qui a obtenu l'asile dans un état tiers parce qu'elle était contrainte de fuir son pays, craignant d'être persécutée pour son origine, sa religion, sa nationalité, son appartenance à un groupe social ou ses opinions politiques.

➲ Le droit d'asile fait partie des droits fondamentaux de l'homme. Il assure la protection contre le risque de persécution. Reconnu à l'échelon international par la Convention de Genève de 1951, il est inscrit dans la Constitution française.

5 *Aujourd'hui en France* | 05.09.2015 | **Éditorial**

Insoutenable

Elle prend aux tripes, chavire le cœur, brouille le regard. L'image du corps d'Aylan, 3 ans, parti de chez lui pour échapper à la barbarie et abandonné sur la plage d'une station balnéaire turque, est insoutenable. Ce cliché insensé consume[1] nos certitudes et nos illusions.

La publier est une violence qui, en l'espace d'une journée, s'est transformée en évidence. Parce que cette photo doit rester imprimée dans ces pages et dans nos mémoires comme celle qui a changé le regard des Européens sur la crise des migrants. Depuis dix-huit mois, cette tragédie a fait quelque 5 500 victimes. Il a fallu exhiber[2] l'horreur pour que nos dirigeants semblent enfin comprendre que cela ne peut plus durer. Constat presque aussi terrifiant que la mort d'un enfant.

Frédéric Vézard

6 *Aujourd'hui en France* | 05.09.2015 | **Article**

La photo qui réveille les consciences

Le cliché montrant le corps d'un enfant syrien mort sur une plage turque a créé une émotion planétaire et contraint les dirigeants européens à réagir.

C'est une image pour l'histoire. Pas un corps déchiqueté dans l'explosion d'un baril de TNT[3], ni de tête décapitée. Mais le corps vulnérable d'un enfant qui gît sur la plage. Sa tête est un peu enfoncée dans le sable, les flots de la Méditerranée semblent lécher son visage. Une

1. **Consume** : dissipe complètement.
2. **Exhiber** : montrer.
3. **TNT** : trinitrotoluène, puissant explosif.

vision d'effroi d'un enfant forcément innocent. Il s'appelait Aylan Kurdi, il avait 3 ans. La photographie dit toute l'horreur du drame de ces êtres humains qui tentent de fuir les bombes et le chaos de la guerre comme ils le peuvent, au risque de mourir noyés, aux portes de l'Europe.

L'image immortalisée mercredi matin sur une plage de la station balnéaire de Bodrum a bouleversé par-delà les frontières de la Turquie, provoquant un choc planétaire. Au point de devenir le symbole de la tragédie syrienne autant que de l'impuissance de l'Europe à enrayer ces drames qui se succèdent sous ses yeux.

« Jamais je n'ai pensé que ces images feraient un tel effet », a raconté Nilüfer Demir, la journaliste photographe qui a pris ce cliché. Car depuis hier, la diffusion de cette image sur les réseaux sociaux et dans les médias de toute la planète a heurté, contraignant les dirigeants concernés par le conflit en Syrie et en Irak et par les drames de l'immigration à réagir.

Même David Cameron, le Premier ministre britannique, très critiqué pour son manque d'implication dans cette crise, a dû sortir du silence face à la pression de responsables politiques européens, de l'Onu[1] et des médias de son propre pays. 216 Syriens y ont été accueillis en tant que réfugiés depuis mars 2014. Ils sont plus de 4 millions à avoir fui leur pays depuis le début de la guerre civile en 2011.

Très divisée, l'Union européenne n'est pas parvenue à trouver une solution commune pour accueillir ces réfugiés. Elle n'est pas d'accord non plus sur les moyens de traiter les racines de ce drame. « Mais les opinions européennes sont en train de basculer. Les citoyens de l'Union sont en pleine prise de conscience. Ils voient les exactions

1. **Onu** : sigle de l'Organisation des Nations unies, institution internationale créée au lendemain de la Seconde Guerre mondiale pour permettre le dialogue entre les nations et la préservation de la paix.

Document 2 : La photo du corps d'un enfant noyé suscite l'effroi

Le Parisien-Aujourd'hui en France, 3 septembre 2015

Document 3 : L'odyssée tragique de la famille d'Aylan

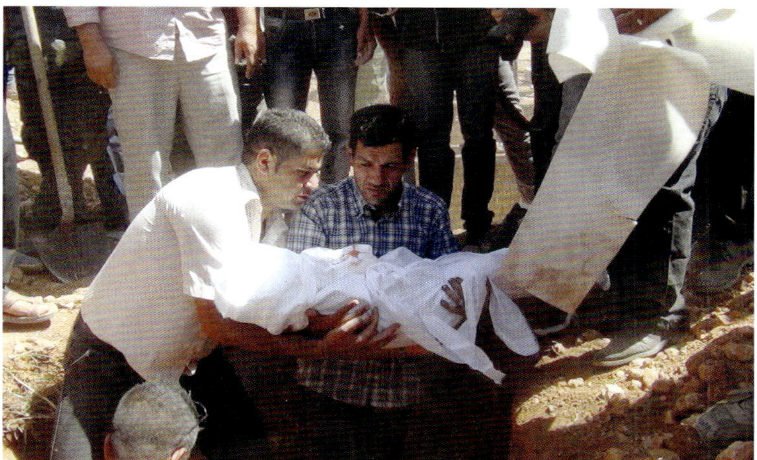

Paris Match, 10 au 16 septembre 2015

Document 4 : Tsunami, alerte nucléaire au Japon

« TéléVisions »

« Les beaux mecs », 50 ans de la vie d'un gangster, sur France 2
Supplément

Le Monde

Dimanche 13 - Lundi 14 mars 2011 - 67e année - N°20571 - 1,50 € - France métropolitaine - www.lemonde.fr - Fondateur : Hubert Beuve-Méry - Directeur : Erik Izraelewicz

Tsunami : alerte nucléaire au Japon

Les autorités japonaises craignent une contamination radioactive après une explosion dans la centrale nucléaire de Fukushima n°1

A Sendai, samedi 12 mars, après le séisme
KYODO/REUTERS

Samedi en milieu de matinée, il était toujours impossible d'établir un bilan précis du séisme de 8,9 de magnitude qui a ravagé, vendredi 11 mars, une partie du Japon. Officiellement, on dénombrait 700 morts et autant de disparus, essentiellement dans les départements d'Iwate, Miyagi et Fukushima.

Aux dégâts considérables causés par le tsunami qui a frappé le nord-est du pays après la fin du premier séisme (depuis, plusieurs répliques sont survenues) s'ajoute la crainte d'une catastrophe nucléaire. L'Agence de sécurité nucléaire et industrielle nippone estimait, samedi matin, qu'une fusion pourrait être en cours dans le réacteur n° 1 de la centrale nucléaire de Fukushima n° 1, située à 250 km au nord de Tokyo. Peu de temps après, une explosion était entendue et une épaisse fumée blanche s'élevait au-dessus de cette centrale. Plusieurs employés auraient été blessés. Craignant une contamination radioactive de la zone, les autorités japonaises avaient au préalable évacué 51 200 personnes.

Afin de diminuer la pression à l'intérieur du réacteur nucléaire (à eau bouillante) de la centrale de Fukushima, et, donc, d'en éviter l'explosion, les autorités japonaises ont décidé, samedi matin, de relâcher de la vapeur radioactive dans l'atmosphère. Selon la télévision NHK, le toit et les murs du bâtiment du réacteur de Fukushima se seraient effondrés. ■

Lire Page trois, 4, 5, 6

Justice des pauvres, justice indigne

Il y a des affaires judiciaires où l'indignité le dispute à la désinvolture. Il en est ainsi du procès de l'incendie criminel du boulevard Vincent-Auriol (Paris 13e). Ouvert mercredi 9 mars, sans qu'aucun coupable se trouve au banc des accusés, il a été renvoyé, jeudi 10 mars, à l'issue de deux demi-journées chaotiques, à une date indéterminée, au mieux à la fin de l'année 2011.

Les faits imposaient que la justice traite l'affaire avec humanité. Le 26 août 2005, un incendie déclenché volontairement dans une cage d'escalier provoquait la mort de dix-sept personnes : trois femmes et quatorze enfants de moins de 10 ans. L'immeuble, vétuste et en infraction avec les normes de sécurité, abritait 123 habitants, des familles d'origine africaine auprès desquelles l'Etat s'était engagé, en 1991, à veiller à un *« relogement définitif dans un délai de trois ans »*. Quatorze ans après, ces familles, logées dans des conditions extrêmement précaires et exposées au saturnisme, s'y trouvaient encore.

Editorial

En 2004, sans que la Préfecture de police juge utile de faire évacuer les familles, des toiles de verre puis des plaques de contreplaqué sont posées dans l'immeuble pour lutter contre le saturnisme. Lesdites plaques, très inflammables, favoriseront la propagation du feu dans les six étages.

Au terme de plus de cinq ans d'instruction, la justice a ouvert un procès sans vrais coupables. L'incendiaire n'a jamais été identifié. La Préfecture de police de Paris a été exonérée de toute responsabilité. Seules étaient poursuivies l'association Freha, qui gérait l'immeuble, et la société Paris Banlieue Construction, à laquelle on reprochait d'avoir entrepris des travaux de rénovation en n'ayant pas respecté les normes de sécurité. *« Des lampistes »*, aux yeux des parties civiles.

Face à ce drame de la misère, la justice a donné l'image, insupportable pour les familles des victimes, d'un fonctionnement à deux vitesses. Dans d'autres catastrophes – de l'explosion dans une usine AZF en 2001 à l'incendie dans le tunnel du Mont-Blanc en 1999 ou à l'accident aérien du mont Sainte-Odile –, la justice s'est donné le temps, avec des audiences échelonnées sur plusieurs semaines ou plusieurs mois. Le procès « du boulevard Vincent-Auriol », lui, devait durer une matinée et un après-midi. Une misère.

Le procès aurait pu être jugé rocambolesque s'il n'avait pas été simplement sordide : des familles de victimes ballottées d'une salle à l'autre, une sono désespérément défaillante, un manque de places, une absence de débats. *« Des enfants sont morts*, a lancé l'avocat de plusieurs parties civiles, en incriminant cette désinvolture. *Ce ne sont pas des sacs de farine. »* *« Le tribunal baisse les bras »*, a cruellement observé la présidente de la chambre du tribunal correctionnel de Paris en renvoyant le procès. Elle y a vu *« l'illustration de la misère de la justice »*.

La cause est entendue : la justice manque de moyens. Mais elle parvient à les trouver pour certaines « grandes » affaires, comme le procès de Jacques Chirac. Pour des victimes de la misère, elle passe son tour. Il y a là quelque chose de profondément indigne. ■

UK price £ 1.50

Europe : l'Union monétaire avance à pas comptés

Crise Les chefs d'Etat et de gouvernement des dix-sept pays de la zone euro ont adopté, vendredi 11 mars à Bruxelles, un pacte pour l'euro. Ce nouvel instrument, déjà très critiqué par les syndicats, viendra compléter le pacte de stabilité, en cours de refonte. Les dirigeants de l'Union monétaire ont ouvert la voie à un compromis afin d'apporter, lors d'un prochain sommet, les 24 et 25 mars, une réponse globale à la crise de la dette souveraine. Le contentieux sur le « dumping fiscal » de l'Irlande n'a pas été tranché. Page 13

Photoreportage Au cœur de la bataille de Ras Lanouf

Sur le front, avec les insurgés « chabab » anti-Kadhafi

La bataille pour le contrôle de la ville pétrolière de Ras Lanouf (Libye) semble tourner à l'avantage des forces restées fidèles au colonel Kadhafi. Nos envoyés spéciaux, Jérôme Sessini et Rémy Ourdan, l'ont vécue au jour le jour côté rebelles. Ils témoignent de la violence des combats.

Sur le plan diplomatique, les Vingt-Sept n'ont pas réussi, vendredi 11 mars à Bruxelles, à se mettre d'accord sur une position commune quant à la possibilité d'intervenir militairement en Libye. ■

Lire pages 18 et 19 et nos informations pages 7, 8, 9

M 00147 - 313 - F: 1,50 €

Une du journal *Le Monde*, 13 mars 2011

Document 5 : Au Japon, la désolation et l'angoisse

« Le Monde Economie »

Du Golfe à l'Algérie, la jeunesse réclame sa part du « gâteau » pétrolier

Le Monde

Mardi 15 mars 2011 - 67e année - N°20572 - 1,50 € - France métropolitaine - www.lemonde.fr

Fondateur : Hubert Beuve-Méry - Directeur : Erik Izraelewicz

Au Japon, la désolation et l'angoisse

- Trois jours après un séisme et un tsunami dévastateurs, le pays se prépare à de violentes répliques. Page trois
- A la centrale de Fukushima, les autorités tentent d'éviter une catastrophe nucléaire. Le débat sur la sécurité est rouvert en Europe. Pages 4, 12 et Contre-enquête pages 10-11
- Le bilan du séisme du 11 mars pourrait dépasser 10 000 morts. Le Nord-Est est ravagé et le reste du pays désorganisé. Pages 5 à 9
- La catastrophe frappe un pays déjà en crise économique et politique. Pages 12 et 23

Dans une rue de la ville détruite de Naori, dimanche 13 mars le désespoir d'une femme

ASAHI SHIMBUN/REUTERS

Une leçon de dignité dans un malheur immense

Il y a le nombre de victimes, plus de 10 000 déjà. Il y a le nombre de réfugiés : plus d'un demi-million. Il y a l'ampleur de la dévastation matérielle, encore incalculable, assurément immense. Il y a le choc économique et financier, majeur. Il y a l'insupportable attente : une autre secousse est possible d'ici au mercredi 16 mars.

Il y a, enfin, la frayeur nucléaire, la menace de radiations mortifères dans un pays qui n'est, de ce point de vue, pas tout à fait comme les autres, puisqu'il est le seul à avoir subi l'épreuve du feu atomique.

Et, pourtant, des récits, des images, des témoignages qui nous parviennent, de ce que disent nos correspondants, on retiendra ceci : la démonstration de sang-froid ; le calme, une manière d'être solidaires qui semble aller de soi. Il y a cet immense malheur, bien sûr. Et puis il y a la dignité des Japonais.

« Le Japon fait face à sa plus grave crise en soixante-cinq ans, depuis la seconde guerre mondiale », a dit Naoto Kan, le premier ministre. Aucune exagération dans son propos.

Editorial

Chaque heure qui passe conduit à réévaluer le bilan des morts et des blessés. Chaque heure fait découvrir l'étendue des destructions provoquées par la tragédie du vendredi 11 mars : un séisme d'une amplitude majeure – les Japonais l'estimaient lundi à 9 –, suivi d'un tsunami monstre – des vagues de plus de 10 mètres de haut. C'est toute une partie de la région nord-est du pays qui a été ravagée.

Mais, à la dévastation provoquée par la nature s'est ajouté un drame qui, lui, ne doit qu'aux hommes : la possibilité d'un accident nucléaire majeur. Le choc sismique de vendredi a endommagé la centrale de Fukushima, en bord de mer, à 240 kilomètres de Tokyo.

Des incidents ont été détectés dans au moins deux des réacteurs ; des particules radioactives ont été disséminées dans l'environnement. Lundi, les autorités luttaient pour assurer le refroidissement des installations de Fukushima et empêcher une fuite radioactive de grande ampleur.

Les jugements tranchés sur l'avenir du nucléaire civil viendront plus tard. Mais, avant même qu'on puisse tirer les leçons de ce qui s'est passé à Fukushima, on est en droit de poser des questions. Quels sont les risques inhérents aux centrales construites en bordure de mer ? Pourquoi, alors que le nucléaire civil est de nouveau en vogue, les standards de sécurité édictés par l'Agence internationale de l'énergie atomique ne sont toujours pas obligatoires ? Enfin, quand les risques sont si importants, faut-il s'accommoder du goût du secret et de l'opacité qui caractérisent trop souvent les opérateurs de centrales nucléaires ?

Le fardeau qui pèse sur le premier ministre est énorme. *« La capacité du Japon à se relever dépend de chacun d'entre nous »*, déclarait-il dimanche à ses concitoyens.

L'épreuve touche un pays qui doute, en proie à une crise de confiance qui dure depuis un quart de siècle – Etat lourdement endetté, classe politique à bout de souffle. Le Japon traverse un moment « churchillien ».

En Libye, la contre-attaque de Mouammar Kadhafi progresse

Reportages Si le carrefour stratégique d'Ajdabiya, encore aux mains des insurgés libyens, tombe, les troupes loyales au chef de l'Etat, le colonel Kadhafi, pourront marcher sans entraves sur Benghazi, devenue la « capitale » des révoltés. Les envoyés spéciaux du « Monde » décrivent le doute et la peur qui gagnent les adversaires du Guide. Page 13

Diplomatie L'évolution des événements a encore accru le trouble des Occidentaux et leurs divergences. Page 14

Le regard de Plantu

En Côte d'Ivoire, la peur change de camp

Dans la guerre que se livrent les troupes de Laurent Gbagbo et les partisans d'Alassane Ouattara dans certains quartiers d'Abidjan, le rapport de forces évolue en faveur des seconds. Les forces armées du président sortant – qui s'accroche au pouvoir depuis novembre 2010 – enregistrent des pertes de plus en plus lourdes face à une rébellion qui avance masquée sous le nom de « commando invisible ». Officiellement, les maquisards urbains du quartier d'Abobo n'ont pas de chef, mais ils sont issus de l'ex-rébellion qui, en 2002, avait échoué à prendre le pouvoir depuis la partie nord du pays, pro-Ouattara. Lire page 22

UK price £ 1.50

Une du journal *Le Monde*, 15 mars 2011

Document 6 : L'incroyable saga islandaise

Reportage paru dans le journal *L'Équipe*, 14 juin 2016

commises par Daech[1]. Ils voient les bombardements de Bachar al-Assad. Ils comprennent les motifs qui poussent les Syriens à l'exil, *analyse un officiel français.* Leurs dirigeants n'auront sans doute nulle envie de se trouver du mauvais côté de l'histoire. » Là où un jeune enfant, pour fuir la guerre qui ravage son pays, peut mourir noyé et finir échoué sur une plage.

Ava Djamshidi

7 *Aujourd'hui en France* | 05.09.2015 | **Point de vue**

« Ce n'est pas du voyeurisme »

Au festival des photo-reporteurs de Perpignan, Visa pour l'image, la photo de l'enfant de Bodrum est dans toutes les conversations.

Dimitri Beck, rédacteur en chef du magazine *Polka,* n'est nullement étonné de l'impact planétaire de cette image qui l'a lui-même bouleversé. « Elle délivre un message direct, frontal, *analyse-t-il.* Elle violente, d'une violence qui nous touche tous, au moment où la plupart des gens rentrent de leurs vacances au bord de la mer avec encore dans la tête des souvenirs d'enfants qui jouent sur la plage. » « C'est une photo simple et un point de rupture pour entraîner les gouvernements européens à mettre les mains dans le cambouis ➲ alors que notre pays, la Turquie, se trouve seul en première ligne depuis des années », juge Ahmet Sel, le directeur de la photo de l'agence turque d'information DHA. Jean-François Leroy, le directeur du festival, a

1. Voir note p. 74.

➲ **Le cambouis est la graisse noircie d'un moteur. L'expression désigne le travail du mécanicien qui n'hésite pas à se salir les mains pour réparer un moteur. Par métaphore, elle signifie « se mettre vraiment au travail ».**

programmé la photo d'Aylan lors de la projection de mercredi. « Pour moi, ce n'est pas du voyeurisme, mais de l'information et un bras de levier pour pousser les gouvernements à agir », insiste-t-il.

Claude Massonnet

8 *Libération* 09.09.2015 **Éditorial**

« Laissez Aylan reposer tranquille »

Mais où est la décence ? Où est le respect de l'intégrité des vivants et des morts ? Où est la limite ? Lundi[1], une trentaine de personnes, vêtues comme le « petit Aylan » d'un tee-shirt rouge et pour certaines d'un bermuda bleu, se sont rassemblées sur une plage de Rabat, au Maroc. Pendant vingt minutes, elles sont restées la tête dans le sable, dans la position où le corps de cet enfant syrien de 3 ans a été retrouvé sur une plage de Bodrum, en Turquie. « J'ai mal pour cette humanité et je me dis qu'en tant qu'artiste mon devoir est de venir ici pour dire qu'un petit geste peut valoir beaucoup », a expliqué l'actrice Latifa Ahrar, une des organisatrices de cette macabre[2] reconstitution. En Inde, le sculpteur sur sable Sudarsan Pattnaik[3] a modelé une statue géante du garçonnet sur la plage Puri...

En moins d'une semaine la photo de la dépouille d'Aylan est devenue l'icône du calvaire[4] subi par des milliers de migrants noyés en Méditerranée pour avoir voulu fuir la guerre. [...]. Et cela a porté :

1. Commémoration organisée à Rabat, la capitale du Maroc, le lundi 7 septembre 2015.
2. **Macabre** : qui évoque la mort.
3. **Sudarsan Pattnaik** (né en 1977) réalise une sculpture sur sable à chaque grand événement mondial.
4. **Dépouille** : corps d'un défunt, son cadavre ; **icône** : image ; **calvaire** : souffrance.

LECTURE ACTIVE 6

→ Voir aussi
étape 3, p. 122

Aylan • Comprendre et réaliser un éditorial

As-tu bien lu ?

1 **Doc 5 et 8 p. 79 et 82.** Les deux documents :
☐ exposent des faits
☐ proposent une analyse et donnent un point de vue

2 Dans le **document 5**, que doit provoquer la photo ?

3 Que reproche le **document 6** (p. 79) à l'utilisation de la photo par les réseaux sociaux* ?

4 Quelles sont les expressions métaphoriques qui, dans les **documents 6 et 7** (p. 81), sont en rapport avec Aylan ?

L'atelier

Produire un éditorial

▸ ***Objectif.*** Lire et produire des éditoriaux.

▸ ***Préparation.*** Par groupes de cinq, rechercher des éditoriaux, qui peuvent être des documents écrits ou audiovisuels. Pour chaque éditorial, identifier :
— le sujet ou le thème commenté ;
— les faits qui font l'objet d'un commentaire (éventuellement se procurer un article qui les rapporte) ;
— l'identité de l'auteur de l'éditorial.

▸ ***Réalisation.*** En s'appuyant sur l'infographie de l'atelier p. 97 (lecture active 7), rédiger un éditorial sur le sujet traité en proposant une analyse et un point de vue (ex. : Pourquoi peu d'élèves font-ils du latin ? Est-ce une bonne chose ?).

▸ ***Réfléchir ensemble.*** Peut-on faire la différence entre présenter des faits, les analyser et les commenter ? Sur un même sujet, tout le monde a-t-il eu le même jugement ou la même analyse ? Pourquoi ?

Angela Merkel leur a ouvert les bras, François Hollande[1] a (un peu) décroisé les siens. On a vu des dessins du « petit Aylan » dans une bouteille en forme de SOS, avec des ailes d'ange dans le dos, ou dormant dans la chambre d'enfant qu'il aurait dû connaître. Des abonnés Twitter ont utilisé cette image comme photo d'identification : « Je suis Aylan » a remplacé « Je suis Charlie[2] ». À mesure que les déclinaisons virales[3] de cette image se multiplient, un sentiment de malaise nous emplit. Voilà le corps sans vie du « petit Aylan » réduit à l'état de logo, de marque humanitaire certes, mais sans humanité. L'historien américano-nigérian Teju Cole a relevé ces ambiguïtés, en analysant « le cycle de l'indignation et de la compassion sur Internet, lequel ne sert bien souvent qu'à divertir et à rassurer le public occidental. Au lieu de se demander s'il est complice de la tragédie lointaine qu'il est en train de partager sur Facebook, ce public peut se rassurer en se disant qu'il participe à la solution ». On le sait, une image n'est pas toute la réalité. « Ici, il n'y a pas d'électricité, pas d'eau. Il est impossible de s'imaginer comment les gens vivent ici », témoignait mardi sur BFMTV le père d'Aylan retourné à Kobané enterrer sa famille. N'est-il pas temps de laisser Aylan reposer tranquille ?

Matthieu Écoiffier

1. **Angela Merkel** : chancelière (= Premier ministre) de la République fédérale d'Allemagne ; **François Hollande** : président de la République française de 2012 à 2017.
2. Slogan de soutien au journal satirique *Charlie Hebdo*, visé par un attentat islamiste le 7 janvier 2015 à Paris, au cours duquel 12 personnes sont assassinées.
3. **Déclinaisons virales** : variantes qui se sont multipliées sur les réseaux sociaux, à la manière dont se développe un *virus*.

9 *Libération* | 04.09.2015 | **Débat**

« Aider, un peu, beaucoup »

Face à l'inaction des États européens, les initiatives se multiplient pour venir en aide aux migrants. Gros plan sur cinq d'entre elles.

Ils sont plus de 2 600 à avoir péri cette année en tentant de traverser la Méditerranée pour rejoindre l'Europe. La mort d'Aylan Shenu, un enfant syrien de 3 ans dont le corps sans vie a été photographié mercredi sur une plage turque, changera-t-elle la donne ? Ce drame a, en tout cas, suscité une vague d'émotion partout dans le monde. [...] En France, Manuel Valls[1] a partagé la photo du petit Aylan sur Twitter, accompagnée de ce message : « Urgence d'agir. Urgence d'une mobilisation européenne. » Le même Valls, imité par son ministre de l'Intérieur, Bernard Cazeneuve, martèle pourtant depuis des mois un message devenu creux : « Humanité et fermeté. » Il y aurait les « bons » migrants, fuyant guerres et persécutions en Syrie, en Irak, en Érythrée[2]. Et les « mauvais » migrants, dont le tort n'est « que » de partir de pays en proie à la misère la plus grande. Ces derniers, « clandestins[3] » et non « réfugiés », auraient donc vocation à être raccompagnés sur leurs terres d'origine. Un débat sémantique[4] qui a d'autant moins de sens qu'en matière d'accueil, la France est loin d'assurer le strict minimum. L'an passé, elle a été l'un des rares états européens à recevoir moins de demandes d'asile qu'en 2013. Et quand l'Allemagne se prépare à examiner les dossiers de 800 000 réfugiés potentiels, la France n'en aura qu'environ 65 000 cette année.

1. **Manuel Valls** : Premier ministre français à l'époque des faits.
2. **Érythrée** : pays de la corne de l'Afrique, indépendant de l'Éthiopie depuis 1993.
3. **Clandestins** : immigrés présents dans un pays sans autorisation administrative.
4. **Sémantique** : qui porte sur le sens des mots.

La réunion interministérielle de jeudi à l'Élysée[1], pour « examiner les volets européen et national » de la crise des réfugiés, marque-t-elle un tournant ? Le sommet des ministres de l'Intérieur de l'UE[2], le 14 septembre, apportera un début de réponse. Jeudi, Berlin et Paris[3] ont annoncé qu'ils y soumettront une position commune sur le principe de « quotas[4] contraignants » par pays. Mais, parallèlement aux atermoiements[5] politiques, des citoyens se mobilisent déjà partout sur le continent. En France, les initiatives ne manquent pas.

Patrouiller en Méditerranée

L'opération sera lancée le 12 septembre à Marseille. Ce jour-là, les équipes de l'association SOS Méditerranée, présidée par un capitaine de marine marchande allemand, tenteront de mobiliser pour financer l'achat d'un bateau et constituer un équipage de professionnels. Objectif : aller patrouiller entre l'Italie et les côtes libyennes pour porter secours aux embarcations, souvent surchargées, en difficulté. Ce n'est pas la première mission émanant de la société civile. Le *Phœnix*, un navire affrété par Médecins sans frontières (MSF) et l'organisation maltaise Moas, circule depuis un an dans le secteur. L'initiative est financée par un couple d'entrepreneurs millionnaires, les Catambrone. Sur la seule journée de mercredi, MSF a annoncé que ses équipes et celles du Moas avaient secouru « 1 658 personnes » :

1. **Interministérielle** : qui réunit les représentants de plusieurs ministères pour traiter d'une question impliquant l'action de plusieurs ministères ; **l'Élysée** : palais de l'Élysée, siège de la présidence de la République en France.
2. **UE** : Union européenne.
3. **Berlin et Paris** : la France et l'Allemagne (désignées par métonymie par le nom de leur capitale).
4. **Quotas** : chiffres déterminés auxquels on doit se conformer.
5. **Atermoiements** : hésitations.

« Mais cela ne devrait pas être notre travail. » L'opération Triton, coordonnée par Frontex, l'Agence européenne de sécurité aux frontières, ne mobilise que sept bateaux sur l'ensemble de la Méditerranée. Des embarcations majoritairement italiennes, qui auraient donc, quoi qu'il arrive, effectué ce travail d'assistance aux naufragés.

Accueillir chez soi

Mettre en relation des réfugiés et des particuliers désireux de les héberger un temps : telle est l'idée, proche du couchsurfing[1], du dispositif Calm (Comme à la maison), monté par l'association Singa. « Notre but a toujours été de les lier à la société française », commente son directeur Nathanaël Molle. Les réfugiés sont très connectés, ne serait-ce que pour rester en contact avec leur famille. D'où l'idée d'une plateforme internet. « Il ne s'agit pas uniquement de logement. C'est une opportunité d'intégration, de développer un réseau social et professionnel. » [...] L'accueil chez un particulier (entre deux semaines et neuf mois) peut leur permettre de s'organiser. En quatre jours, Singa a reçu près de 600 propositions d'aide : « On n'a pas vu un tel élan de générosité depuis longtemps. Les gens ne veulent plus être spectateurs. »

Apporter une aide humanitaire

Jeudi, il avait la voix enrouée à force de répondre aux journalistes. « Une journée exceptionnelle, à cause de cette image d'enfant mort. Elle a remué l'opinion. Cela va obliger l'état à agir. J'y crois. J'espère. » Christian Salomé, retraité, est l'un des 97 bénévoles de l'association l'Auberge des migrants, créée il y a bientôt sept ans. Tous habitent Calais ou un rayon de 50 kilomètres autour de la ville, et viennent

1. **Couchsurfing** (terme anglais) : système de solidarité consistant à proposer un lit chez soi à des voyageurs de passage.

chaque jour en aide aux migrants, avec les moyens du bord. « On a un petit budget de 200 000 euros, des dons et de l'argent sorti de nos poches. On leur fournit des vêtements, de quoi s'abriter. Des tentes, du bois qu'on achète, des bâches... » Depuis quelques semaines, beaucoup de gens viennent filer un coup de main. Le bénévole cite ce couple d'Anglais, de passage pour quelques jours, finalement resté un mois. Vincent de Coninck, chargé de mission pour le Secours catholique dans le Nord-Pas-de-Calais, constate lui aussi un élan de solidarité : « Avec la tension médiatique, c'est net. Mais ce dont on a tous besoin maintenant, c'est surtout d'une action forte de l'État français et de l'Europe. » [...]

Une adresse pour demander l'asile

« Tous nos services sont au taquet. » France Terre d'asile, qui accompagne les demandeurs d'asile dans leurs démarches pour accéder au statut de réfugié, reçoit depuis début août « près de 800 migrants supplémentaires chaque semaine, le double qu'en temps normal ». Un afflux difficile à gérer. La première étape, qui prend parfois plusieurs mois, consiste à leur fournir une domiciliation, indispensable pour les procédures administratives. D'autres associations, telle Dom'asile, viennent alors en renfort. Une aide bienvenue, tant le système d'asile à la française est saturé, avec une durée moyenne de dix-huit mois pour l'instruction d'une demande. La récente réforme votée au Parlement vise à diviser l'attente par deux.

Faire pression sur les politiques

De l'indignation numérique face au choc des photos à l'interpellation directe des responsables politiques, il y a un pas. À l'initiative du réalisateur Raphaël Glucksmann, un « rassemblement citoyen en solidarité avec les migrants » aura lieu samedi à Paris, place de la République. Jeudi, plus de 10 000 personnes manifestaient leur intention d'y participer. Dans les enquêtes d'opinion, pourtant, les Français sont toujours majoritaires à se dire opposés à ce que leur pays accueille davantage de migrants, sujet sur lequel le clivage droite-gauche est manifeste. [...]

Sylvain Mouillard, Marie Piquemal et Thomas Laborde

10 *Aujourd'hui en France* | 05.09.2015 | **Débat**

Des positions opposées sur l'accueil des réfugiés

Au nom de l'humanité

Nos valeurs humanitaires sont-elles des idées mortes, aussi mortes qu'Aylan, pour que nos consciences ankylosées[1] aient besoin d'une photo pour comprendre que ces cadavres éparpillés sur nos plages, depuis des mois et des années, que ces milliers de corps sans nom que personne ne réclamera jamais sont ceux d'êtres humains ? Des hommes, des femmes et des enfants se noient en masse sous nos fenêtres soigneusement fermées, et on les regarde agoniser en soulevant à peine le rideau. La honte. On ne pourra même pas dire qu'on ne savait pas. Cette indignité, de plus en plus de Français la refusent. Ceux-là n'ont pas attendu une photo pour sauver l'honneur de l'humanité en exprimant ce qu'elle a de plus beau : la solidarité entre les hommes.

Jean-Marie Montali

1. **Ankylosées** : bloquées, immobilisées.

Des maires réticents

Alors que les initiatives locales se multiplient pour prêter main-forte aux réfugiés du chaos syriens, des dents grincent à droite. Comme celles de François Baroin[1], président de l'Association des maires de France. L'élu (les Républicains) a assuré que, pour sa part, il n'accueillerait pas davantage de réfugiés à Troyes (Aube). « Je ne le ferai pas pour la simple et bonne raison que je suis en surcapacité à l'échelle régionale des centres d'accueil des demandeurs d'asile, qui sont aujourd'hui suroccupés depuis des mois et des mois », a affirmé l'ancien ministre. Il n'est pas le seul. Selon nos informations, dans un document transmis aux services de l'État, le maire de Limoges, émile-Roger Lombertie (LR) a prononcé de son côté un avis défavorable quant à la venue de 11 demandeurs d'asile dans un centre d'accueil temporaire, en plus des 244 déjà hébergés dans cette ville de 136 000 habitants. Motifs ? La paupérisation[2] croissante de Limoges, mais pas seulement. « La part des étrangers mis en cause dans les faits de délinquance est de 20 %, *écrit l'édile*[3]. Dans un autre registre, [...] quant à la présence d'activistes se réclamant du salafisme[4] [...], l'arrivée de nouveaux venus qui pourraient s'agréger à ces groupes contribuerait encore à accroître les tensions et le risque de déstabilisation. » Un comble pour beaucoup de ces réfugiés qui fuient précisément le jihadisme[5] radical en Syrie et en Irak.

Véronique Maribon-Ferret

1. **François Baroin** : homme politique français, né en 1965, ancien ministre, sénateur et maire de Troyes, membre du parti les Républicains (LR).
2. **Paupérisation** : fait de s'appauvrir.
3. **Édile** : maire.
4. **Activistes** : militants politiques qui privilégient l'action directe, éventuellement violente et illégale ; **salafisme** : ou salafisme djihadiste, idéologie radicale prônant le retour à un islam des origines par la lutte armée.
5. **Jihadisme (ou djihadisme)** : idées et action des fondamentalistes extrémistes qui, au sein de l'islam, recourent au terrorisme en se réclamant de la notion de guerre sainte ou *djihad*.

L'Euro de football 2016

1 *Le Parisien* | 07.06.2016 | **Reportage**

La Roumanie loin des regards à La Chapelle-en-Serval

L'Angleterre n'est pas la seule sélection à avoir établi son camp de base dans le sud de l'Oise. La Roumanie, qui évoluera dans le groupe de la France, est hébergée dans la petite commune de La Chapelle-en-Serval.

Sa présence est néanmoins discrète. D'abord parce que l'équipe est moins réputée que celle de Wayne Rooney[1]. Mais aussi parce qu'elle a choisi de s'installer loin des regards, dans l'autre hôtel 5 étoiles du secteur : le Mont-Royal, un château situé en pleine forêt à bonne distance du centre-ville. Sur place depuis dimanche, l'équipe roumaine n'a pourtant pas tardé à aller à la rencontre du public. Son premier entraînement a attiré le même jour près de 500 personnes au stade du Servois d'Orry-la-Ville, la ville voisine. Tom, 8 ans, était aux premières loges : « C'était la première fois que je voyais de vrais joueurs ! Ils jouent largement mieux que moi », a apprécié le footballeur en herbe. Quadragénaire passionné, Thierry est également ravi : « Je serais venu voir n'importe quelle sélection, parce que j'aime le football. »

En ville, Patrice Temel n'y a, quant à lui, pas vraiment prêté attention : « J'ai juste vu passer leur bus et croisé quelques supporters », témoigne le patron du Serval, le seul café de la ville dans la rue principale. Sur sa télé, il a prévu de diffuser les matchs de la France et, « peut-être », ceux de la Roumanie. « Sauf s'il y a le PMU », précise-t-il.

Florian Niget et Étienne Martin

1. Il s'agit de l'équipe d'Angleterre dont Wayne Rooney est la capitaine.

Versailles, une retraite discrète pour l'équipe d'Irlande

Un camp de base se doit d'être discret. Ce sera le cas pour le onze de l'Irlande, qui a choisi Versailles (Yvelines), une ville sans histoires et peu encline aux débordements. Mis à part un message de bienvenue sur les panneaux de la ville, bien peu d'indices trahissent la venue des footballeurs au célèbre maillot vert.

La délégation, composée d'une cinquantaine d'officiels, arrivera demain, et sera logée durant tout l'Euro au Trianon Palace. Cet hôtel de luxe qui borde le parc du château de Versailles, est rodé à la présence d'équipes sportives puisqu'elle a longtemps accueilli les mises au vert du PSG.

Les Irlandais seront isolés dans une partie de l'établissement et bénéficieront d'un suivi diététique. Un bus les conduira au stade d'entraînement du Montbauron remis à neuf pour l'occasion par l'UEFA et distant d'à peine 2 km. C'est d'ailleurs à l'occasion du premier entraînement de l'Eire[1], jeudi, entre 11 heures et 12 h 30, que le public pourra apercevoir les joueurs (billets sur demande à sports@versailles.fr ou sur la page Facebook Versailles Camp de Base Euro 2016).

Pour l'après-match, Versailles compte quelques pubs[2]. Comme le O'Paris. « J'ai un souvenir mémorable de l'équipe de rugby d'Angleterre qui est venue en 2007 au lendemain de sa défaite contre l'Afrique du Sud en Coupe du monde. Si l'Eire veut en faire autant, on l'accueillera avec plaisir », raconte Arnaud Barré, le patron du bar qui a dû refuser la présence sur sa terrasse de la télévision irlandaise en raison de la proximité du château.

Laurent Mauron

1. **Eire** : Irlande du Sud.
2. **Pubs** : en Angleterre, établissements où l'on sert de la bière et des boissons alcoolisées ; en France, bar décoré à la manière d'un pub anglais.

2 *Le Figaro Magazine* | 10.06.2016 | **Portrait**

Ziad Khoury, le « monsieur Sécurité » de l'Euro 2016

Sur le terrain, il porterait le numéro 10 : Ziad Khoury est le directeur de la sûreté et de la sécurité d'Euro 2016 SAS, la société organisatrice du championnat d'Europe des nations de football. En poste depuis plus de deux ans, cet énarque de 46 ans est loin d'être un novice[1]. [...] « Rien n'a été laissé au hasard, *assure-t-il.* Dans le contexte d'attentats et de risques majeurs que nous connaissons actuellement, le dialogue avec l'État est permanent. Nous avons travaillé avec les meilleurs spécialistes de la sûreté, de la sécurité des infrastructures et de la gestion des foules. Par ailleurs, l'ensemble des forces de police seront en alerte permanente.

Mais lutter contre le terrorisme ne veut pas dire renoncer à nos valeurs ou aux grands événements et projets qui ponctuent la vie internationale. Tout doit être fait pour que l'Euro soit aussi une fête. »

De fait, depuis la candidature de la France, tous les scénarios ont été envisagés et des dizaines d'exercices de simulation de situations d'urgence (attentats, mouvements de foule, émeutes...) ont été effectués. Mais l'inquiétude demeure et les « fans zones », gérées par les municipalités des dix villes hôtes, cristallisent presque toutes les craintes. Au point que le préfet de police de Paris a proposé dernièrement, avant de se rétracter, la fermeture de celle du Champ-de-Mars, les jours de match au parc des Princes et au Stade de France, en raison, notamment, de « l'état d'épuisement avancé » des forces de l'ordre et des menaces qui pèsent sur l'événement.

Cyril Hofstein, DR

1. **Énarque** : diplômé de l'École nationale d'administration (ENA) ; **novice** : débutant.

3 *Le Figaro Magazine* | 10.06.2016 | **Infographie**

La sécurité de l'Euro 2016

L'Euro de football 2016 implique des mesures de sécurité inhabituelles en raison de la menace d'attentas terroristes qui pèse sur la France.

L'Euro de football 2016. ▶
Infographie du *Figaro* sur les problèmes de sécurité, *Figaro Magazine*, 10 juin 2016. DR.

LE DOCUMENT EST REPRODUIT EN COULEUR SUR LE PLAT 3 DE COUVERTURE.

4 *La Croix* | 06.06.2016 | **Débat**

Faut-il maintenir les « fan-zones » pendant l'Euro ?

Des standards de sécurité jamais atteints jusqu'ici

Nos détracteurs disent que nous offrons une aubaine aux terroristes en concentrant la foule dans une fan-zone[1]. Mais celle-ci est aussi sécurisée que le stade et moins dangereuse que la terrasse bondée d'un café. En réalité, il n'y a pas lieu de se demander s'il faut ou non conserver les fan-zones dès lors que la France a fait le choix de maintenir l'Euro 2016. Le pays veut montrer aux terroristes qu'il ne cédera pas et continuera à organiser de grandes fêtes populaires. Et surtout, qu'il livrera un événement dans des standards de sécurité

1. **Fan-zone** : espace réservé aux supporters à l'intérieur des villes.

jamais atteints jusqu'ici. En fait, derrière certaines critiques, je perçois des motivations politiques « malsaines », destinées à exploiter la situation en cas de malheur.

Frédéric Gil, directeur général Éducation, sport et société à la Ville de Bordeaux, chef de projet Euro 2016.
Propos recueillis par Nicolas César

On est loin d'un taux d'encadrement convenable

Si le principe des fan-zones n'est pas négatif, le niveau de sécurité me paraît insuffisant. Pour encadrer convenablement un grand rassemblement, il faut tabler au minimum sur un agent pour 100 spectateurs. On en est loin, si on prend l'exemple de la fan-zone du Champ-de-Mars à Paris, où seuls 400 agents privés sont prévus pour 92 000 personnes. Si je calcule bien, cela fait un agent de sécurité pour 230 fans : il y a un souci. Pour atteindre un niveau de sécurité convenable, il faudrait par conséquent ajouter 500 agents publics supplémentaires. Pas sûr que nous en ayons les moyens, tant il est difficile d'être présent tout à la fois dans les transports, aux abords des stades, et dans la fan-zone. C'est pourquoi le préfet de police de Paris, Michel Cadot, a eu raison, je crois, de recommander la fermeture de la fan-zone du Champ-de-Mars pendant les jours de match.

Interview d'Alain Bauer (professeur de criminologie au Conservatoire national des arts et métiers et président du Conseil national des activités privées de sécurité), recueillie par Jean-Baptiste François

LECTURE ACTIVE 7

→ Voir aussi étape 4, p. 124

L'Euro de football • Les chiffres

As-tu bien lu ?

1 Associe chaque chiffre à ce à quoi il correspond.

8 millions •		• apport en euros à l'économie française
100 000 •		• personnes mobilisées pour la sécurité
10 •		• villes
10 •		• fan-zones
1,3 milliard •		• supporteurs

2 Pour quelles raisons l'Euro a-t-il été maintenu malgré les risques ?

L'atelier

Réaliser une infographie

▸ ***Objectif.*** Réaliser une infographie du collège.

▸ ***Préparation.*** Par groupes de trois, demander au secrétariat les informations suivantes : le nombre d'élèves du collège, la répartition par sexe, puis le nombre d'élèves qui apprennent l'anglais, l'espagnol, l'allemand, le latin... Se procurer une carte simple de la ville où se trouve le collège, puis une carte de France.

▸ ***Réalisation.*** Préparer une présentation visuelle des données chiffrées qui ont été collectées, en faisant en sorte que les différentes proportions soient bien visibles et en trouvant des astuces pour que l'on comprenne tout de suite quel chiffre représente quelle langue, par le choix d'une idée graphique (petit personnage, couleur, drapeau). Enfin, placer le collège sur les deux cartes, puis titrer l'infographie.

▸ ***Réfléchir ensemble.*** Quelle est l'infographie la plus réussie ? Pour quelle(s) raison(s) ? Une infographie permet-elle de mieux faire comprendre une situation ? Pourquoi ?

5 *L'Équipe* | 14.06.2016 | Reportage

« L'incroyable saga islandaise »

La performance de l'équipe d'Islande est une surprise. L'image montre les paysages telluriques[1] et romantiques de ce rude pays peuplé de volcans et de légendes, que le public visite en imagination grâce à la saga islandaise de l'Euro.

▲ **Première journée de championnat dans l'île de Westmann (sud de l'Islande).**

LE DOCUMENT EST REPRODUIT EN COULEUR DANS LE CAHIER PHOTOS P. IV.

Qualifiée pour la première fois de son histoire pour une phase finale, l'île scandinave, perdue dans l'Atlantique nord et à peine plus peuplée que la Corse, a mis en place une politique unique pour se faire une place sur la carte du football.

Heimaey, Breidavik, Reyjkjavik – Il y a comme un air de bout du monde à Heimaey, un caillou de 4 000 habitants à sept kilomètres au large de l'Islande. L'unique ville de l'île est coincée entre le port de pêche, la principale activité des habitants, et un volcan dont la dernière éruption, en 1973, a entraîné l'évacuation de toute la population. Les rues, balayées par le rude vent d'avril, sont vides. On y trouve une petite école, un minuscule poste de police, quelques restaurants et même un cabinet dentaire.

1. **Telluriques** : qui proviennent de la terre (du latin *tellus*, « terre »).

Heimir Hallgrimsson vient d'effectuer un check-up[1], détartrage compris, de la dentition d'un gamin du coin. « J'aime vraiment ce métier mais je n'ai plus le temps de l'exercer autant qu'avant », explique-t-il en enlevant ses gants. Il faut dire que son autre job le tient de plus en plus occupé : il est, au côté du Suédois Lars Lagerbâck, cosélectionneur de l'équipe nationale qualifiée pour l'Euro 2016, première phase finale de l'histoire du pays.

Pour mesurer l'exploit à sa juste valeur, un chiffre suffit, celui de la population du pays : 330 000. C'est de loin le plus petit État à s'être qualifié pour une grande compétition.

L'Islande a un autre handicap, son climat hostile, très peu propice à la pratique du foot. « Hier soir, le vent soufflait à plus de 90 km/h. Chez vous, j'imagine qu'on appellerait ça une tempête, mais, ici, c'est la routine », lance Heimir – les Islandais s'appellent par leur prénom – dans un éclat de rire. Si elle part avec quelques longueurs de retard sur les autres nations de l'Euro, la présence de l'Islande en France n'est peut-être pas si miraculeuse. Elle résulte surtout d'une politique institutionnelle visant à mettre le pays sur la carte du football mondial. Le premier acte de ce plan structurel s'est joué au tournant du siècle. « Dans les années 1990, il n'y avait qu'un ou deux terrains artificiels, *se souvient Hannes Thor Halldorsson (32 ans), actuel gardien de la sélection.* On s'entraînait sur du gravier. Et puis le temps est très mauvais pendant sept mois, donc c'était difficile de jouer toute l'année. » Dans son bureau spacieux mais sobre du centre de Reykjavik, la capitale, Illugi Gunnarsson, le ministre de l'Éducation, de la Science et de la Culture, résume bien la situation de l'époque. « On est un petit pays et si, en plus, nos joueurs ne peuvent s'entraîner dans de bonnes conditions que cinq mois par an, il ne faut pas s'attendre à ce qu'ils réussissent quoi que ce soit. » La solution s'est vite imposée

1. **Check-up** : bilan de santé (terme anglais).

d'elle-même : comme ses voisins scandinaves, l'Islande avait besoin de terrains couverts.

Les clubs, loin de rouler sur l'or dans un pays où le championnat de première division est semi-professionnel, se sont alors tournés vers les municipalités. « Pour les parents islandais, quel que soit leur niveau de revenus, la pratique sportive de leurs enfants est une priorité, *souligne Gunnarsson.* Les élus locaux savent que quand ils investissent dans quelque chose qui touche à la jeunesse et au sport, leurs électeurs les soutiennent. » La première « maison de football » a vu le jour à Keflavik, à une cinquantaine de kilomètres de la capitale, en 2000. Aujourd'hui, l'Islande compte sept terrains couverts de taille réelle et six demi-terrains.

Un hangar géant posé sur un terrain synthétique illuminé par les lumières jaunâtres alignées au plafond : voilà à quoi ressemble le paradis du football islandais. C'est un jour de semaine comme un autre ici : le terrain grouille d'enfants qui jouent dans la bonne humeur. « C'est un endroit très vivant, *souligne-t-il.* Comme cette installation a été payée par les contribuables, on ne fait pas de sélection ; si tu veux jouer il y a une équipe pour toi. »

S'il est si fier de son club, c'est parce que Breidablik est devenu en quelques années le symbole de l'autre grande révolution du foot islandais, celle de la formation des entraîneurs. Dans les années 2000, la Fédération s'est fixée un objectif : que tous les enfants voulant jouer au foot, où qu'ils soient dans le pays et quel que soit leur niveau, bénéficient d'un entraînement de qualité. Elle a financé les diplômes à la pelle, édictant en contrepartie de nouvelles règles drastiques[1] : tous ceux qui entraînent des enfants de dix ans ou plus doivent avoir un brevet de niveau UEFA B, et ceux qui travaillent avec les plus jeunes doivent avoir fait au moins la moitié de cette formation. En

1. **Drastiques** : très contraignantes.

France, le diplôme de niveau UEFA B, le BEF, permet d'entraîner en division d'honneur. « Dans la plupart des pays, quand vous emmenez votre enfant de cinq ans au foot, il est pris en charge par un bénévole, *explique Hallgrimsson*. En Islande, où que vous habitiez, il y a désormais 95 % de chances pour que ce soit un entraîneur diplômé et salarié. »

Alors qu'il y a encore quinze ans la sélection était composée en partie de joueurs du championnat local, donc non professionnels, les 23 présents à l'Euro jouent à l'étranger, pour le plus grand bonheur de Lars Lagerbâck. « Pour les petits pays, il est primordial que les joueurs accumulent de l'expérience dans les plus grands championnats », appuie-t-il. Le Suédois est devenu une idole locale après l'impressionnante campagne de qualification pour l'Euro. Tombée dans un groupe particulièrement relevé, la sélection a battu la Turquie (3-0), la République tchèque (2-1) et surtout les Pays-Bas deux fois (2-0, 1-0). Ces résultats ne doivent pas faire oublier que le pays, malgré tous ses progrès, reste un petit poucet. « On n'a pas les mêmes qualités individuelles que le Portugal ou la France, *souligne Hallgrimsson*. Les joueurs savent qu'on ne gagnera jamais rien si on ne travaille pas plus dur que les autres. » Le goût du travail et du sacrifice, voilà des domaines dans lesquels les Islandais ne doivent pas essayer de rompre avec leur passé, mais plutôt garder intacte la flamme allumée par leurs ancêtres. « Certains disent que notre mentalité vient du fait de travailler dur dans le froid sur notre petite île du Nord, notre nation est connue pour ça depuis de longues années, *philosophe Kolbeim T Sigthorsson*, l'attaquant de Nantes. Je crois que c'est vrai, c'est dans nos gènes. C'est le caractère viking peut-être. »

Pour trouver l'essence de l'âme islandaise, il faut rendre visite à Olafur Thordarson à Akranes, un port industriel à 50 km au nord de Reykjavik. Pas la peine de chercher la ville dans un guide de voyage, elle ne fait pas partie des circuits touristiques ; ici, les maisons grises sont alignées avec une régularité déprimante. Olafur demande de patienter, il n'a pas terminé sa journée de labeur. [...]

« C'est le joueur de la vieille école par excellence, *s'amuse Dadi Rafnsson.* Olafur a tiré le maximum de ses capacités, c'était un dur qui s'entraînait beaucoup, mais il n'avait pas les meilleures dispositions techniques. » Malgré ses 72 sélections internationales, Thordarson n'a jamais joué à l'étranger. Il a bossé toute sa vie dans l'entreprise de camions familiale et sa poignée de main s'en ressent. [...]

Si Sigurdsson était devenu défenseur central...

L'Islande serait-elle en France, cet été, si Steve Coppell avait eu le dernier mot ? En 2009, celui qui était alors entraîneur de Reading, en D2 anglaise, était bien embêté. Il venait de promouvoir en équipe première l'Islandais Oyi Sigurdsson, un milieu talentueux âgé alors de vingt ans, mais le trouvait trop lent pour suivre le rythme infernal du Championship. « Avec d'autres éducateurs, on était allés voir comment ça se passait pour lui là-bas », se souvient Dadi Rafnsson. [...]. « Quand on est arrivés, Coppell essayait de le transfomer en défenseur central. On a regardé un entraînement entier où il était derrière aux côtés d'André Bikey à balancer de longs ballons vers l'avant. »

Heureusement pour l'histoire moderne de l'équipe nationale d'Islande, Brendan Rogers a remplacé Steve Coppell cet été-là sur le banc de Reading et fait remonter Gylfi au milieu. Ce dernier a enchaîné avec une saison à 21 buts avant de se faire transférer à Hoffenheim pour 8 M€, record du club anglais, et de devenir la tête d'affiche de la génération dorée islandaise. Lors des qualifications pour l'Euro, il a marqué six buts et donné deux passes décisives.

Grégoire Fleurot

LECTURE ACTIVE 8

→ Voir aussi étape 4, p. 124

L'Euro de football • Le reportage sur l'Islande

As-tu bien lu ?

1 Où est allé le journaliste pour réaliser son reportage ?
☐ Heimsey ☐ Breidavik ☐ Reykjavik

2 Qui sont Helmir Hallgrinsson et Lars Lagerbäck ?
☐ des footballeurs ☐ des entraîneurs ☐ des élus

3 Quel est le principal handicap de l'Islande ?
☐ le climat ☐ la pauvreté ☐ le manque d'attrait pour le foot

5 Qui sont les personnes à qui le journaliste donne la parole ? Pourquoi ce choix ?

L'atelier

Réaliser un reportage

▶ ***Objectif.*** Réaliser un reportage en équipe sur un sujet local.

▶ ***Préparation.*** La classe est répartie en groupes de 3 ou 4 élèves. Chaque groupe prépare son reportage :
a. Le sujet est choisi (fonctionnement de la cantine, de la vie scolaire, d'une boulangerie, de l'AS du collège, de la bibliothèque municipale...).
b. Partage des rôles (qui pose les questions, qui prend les photos, etc.).
c. Réunion d'une documentation minimale sur le sujet, en se faisant aider par le professeur et lors d'une séance au CDI.
d. Préparation de questions précises et factuelles à poser aux différents interlocuteurs.

▶ ***Réalisation.*** Rédaction sous la forme d'un article narratif où sont reprises des citations des personnes interrogées, accompagné de photos légendées et d'un encadré (sur le modèle du reportage sur l'Islande). L'article ne doit pas dépasser deux pages 21 x 29,7.

▶ ***Réfléchir ensemble.*** Débattre en classe des différents reportages, de ce qu'on a appris des difficultés rencontrées.

6 *L'Équipe* | 12.07.2016 | **Analyse**

Pas tant de couacs

La sécurité et les pelouses ont terni le début de l'Euro. Mais le tournoi s'est achevé sans accroc majeur. Avant le match d'ouverture, il y a un mois, la France baignait dans un climat anxiogène. « Son » Euro était menacé de toutes parts.

La sécurité presque assurée

Angoisse majeure, la sécurité focalisait l'attention. Avec cette question : comment empêcher ceux qui ont frappé le pays, le 13 novembre dernier, de profiter des millions de visiteurs venus à l'occasion de l'Euro pour remettre ça ? Heureusement, aucun drame n'est survenu. « L'attentat terroriste a été notre hantise commune, *explique Jacques Lambert, président d'Euro 2016 SAS, la société organisatrice du tournoi.* Nous avons eu le bonheur que rien de grave ne se produise en la matière et c'est un grand soulagement. Si un événement de cette nature s'était produit, l'Euro se serait immédiatement arrêté. » Cette décision prise par les organisateurs et l'UEFA avant la compétition avait été tenue secrète jusque-là.

Un peu oublié avant la compétition, tout le monde se focalisant sur la menace terroriste, le hooliganisme a marqué des points en début de tournoi. Bernard Cazeneuve, le ministre de l'Intérieur, n'a déploré qu'« un seul incident majeur », à savoir les violences « inacceptables » en marge du match Angleterre-Russie, le 11 juin, à Marseille.

Le succès populaire au rendez-vous

La quasi-totalité des 51 matchs de l'Euro s'est déroulée dans des stades pleins. L'UEFA a fait ses comptes : « Quelque 2,4 millions de spectateurs ont assisté aux rencontres, et la popularité du tournoi était telle qu'un peu plus de 11,2 millions de demandes de billets ont été introduites pour voir les meilleurs joueurs d'Europe en action. » Les fan-zones ont aussi affiché complet, attirant 3,6 millions de personnes.

La finale a réuni plus de 20 millions de téléspectateurs, le meilleur score pour un programme télé depuis dix ans [...]. Au total, ce sont 6 milliards de téléspectateurs (chiffre cumulé) qui ont suivi les rencontres.

Le point noir : les pelouses

Comme on pouvait le redouter, les pelouses n'ont rien fait pour la gloire de nos stades, si l'on excepte celles du parc des Princes et du Parc OL[1]. Trois d'entre elles se sont même avérées assez catastrophiques en début de tournoi : Marseille, Saint-Denis et Villeneuve-d'Ascq. Cette dernière a d'ailleurs dû être changée en urgence en plein tournoi. Résultat : une impression d'amateurisme et une ambiance de cour de récréation, l'organisateur et les jardiniers des stades s'envoyant à la figure la responsabilité de cette faillite des gazons.

Mais avec le retour du beau temps, la situation des gazons maudits de l'Hexagone[2] s'est un peu arrangée et la polémique[3] s'est éteinte.

Étienne Moatti

1. **Parc OL** : Parc Olympique lyonnais, stade de football de la ville de Lyon.
2. **Hexagone** : nom donné à la France métropolitaine en raison de la forme de sa carte qui évoque un hexagone.
3. **Polémique** : discussion vive et agressive.

7 *L'Équipe* | 12.07.2016 | **Encadré**

Bonnes (et mauvaises) vibrations

ON A AIMÉ

L'Islande

Il fallait un vent frais dans cet Euro et il est venu du nord du continent. L'Islande, ce petit pays de 330 000 habitants, dont 30 000 étaient en France, pour cent joueurs professionnels, a conté l'histoire dont il avait besoin. Les Islandais n'ont pas seulement éliminé l'Angleterre en huitièmes de finale (2-1), ils avaient tenu le Portugal en échec dès leur entrée en lice dans le tournoi (1-1). Avec le recul, il fallait le faire.

L'atmosphère

L'Euro aura été d'une richesse incroyable en termes de population et de diversité. Chaque ville en gardera ses souvenirs, son équipe, ses bruits et ses chants, dans les stades. Irlande du Nord-Allemagne (0-1), au Parc des Princes, aura été une formidable publicité pour la population nord-irlandaise. Comme le pays de Galles-Belgique (3-1), disputé à Villeneuve-d'Ascq[1]. Les Irlandais (Eire[2]), les Islandais et les Autrichiens ont également laissé d'excellents souvenirs.

ON N'A PAS AIMÉ

Le premier tour

Michel Platini a sans doute manqué au tournoi pour son charisme[3], mais son Euro à vingt-quatre équipes a-t-il vraiment convaincu ? En éliminant seulement huit formations, le premier tour perd de

1. **Villeneuve-d'Ascq** : ville du Nord de la France, située près de Lille.
2. **Eire** : Irlande du Sud.
3. **En raison de son charisme** : en raison de sa personnalité et du prestige qui s'en dégage.

son intérêt et de son intensité. Il aura suffi aux Portugais de ne pas perdre pour passer. Et à certaines équipes à faible potentiel offensif de défendre pour atteindre le top 16. L'Italie était sûre de gagner son groupe après deux matchs. Ambitions minimalistes, suspense en baisse mais recettes en hausse.

Russie-Angleterre

C'est le point noir de cet Euro : les images de Marseille, le 11 juin, ensanglanté par les affrontements entre supporters des deux camps et, au milieu de ces scènes de guérilla urbaine, les forces de l'ordre. Entraînés et violents, les 150 hooligans[1] russes qui ont mis le feu à la ville ont été comparés dans leur organisation à un commando paramilitaire. Face à de tels agissements, on n'est plus dans le football ou le hooliganisme, mais dans le renseignement international et la lutte contre la criminalité.

R. Te

1. **Hooligans** : voyous qui se livrent à des actes de violence et de vandalisme, en particulier lors des compétitions sportives.

DÉFI LECTURE

Les termes journalistiques

1 Associe définitions et termes journalistiques.

Article dans lequel un journaliste donne son point de vue ou une analyse de l'actualité	•	• reportage
Présentation visuelle d'une information, sous forme de graphique ou de pictogrammme	•	• manchette
Article assez long écrit par un journaliste qui est allé enquêter sur le lieu d'un événement	•	• une
Première page d'un journal	•	• éditorial
Gros titre mettant en valeur à la une l'information principale du jour ou de la semaine	•	• infographie
Pavé proposant un éclairage particulier ou des informations chiffrées, au sein d'un article de plus grande taille	•	• encadré

Les dates

2 Te souviens-tu de la date des événements relatés dans cette anthologie ?

– La catastrophe de Fukushima a lieu :
☐ le 11 mars 2011 ☐ le 15 juillet 2015 ☐ le 14 septembre 1908

– L'Euro de football s'est déroulé en France :
☐ en 2016 ☐ en 1908 ☐ en 1945

– Le drame du petit Aylan s'est déroulé :
☐ en septembre 2015 ☐ en juin 2015 ☐ en juin 2016

– Malala est attaquée par les talibans dans un bus scolaire :
☐ le 14 janvier 2016 ☐ le 9 octobre 2012 ☐ le 14 janvier 1927

Qui suis-je ?

3 Retrouve le nom de ceux qui nous ont fait connaître les informations proposées dans ce livre.

– Après la catastrophe de Fukushima, j'ai pénétré dans la centrale accidentée avec les équipes japonaises pour raconter l'événement à mes lecteurs. Je suis . . . .

– Journaliste-photographe turque, j'ai découvert plusieurs cadavres sur la plage, dont celui d'un petit garçon. Je l'ai photographié et cette photo a fait le tour du monde. Je suis : . . . .

– Nous sommes allés à la rencontre des équipes européennes de football venues s'installer en France au début de l'Euro. Nous sommes : . . . . , ... et . . . .

– Journaliste, je me suis inspiré de l'histoire de Malala pour réaliser une enquête sur le rôle de l'école pour l'émancipation des filles. Je suis : . . . .

Mots croisés

Horizontalement

1. Lieux de regroupement des supporters lors de l'Euro.
2. Équipe victorieuse de l'Euro.
3. Appareil permettant de mesurer les radiations.
4. Pays de Malala.
5. Manière de produire de l'énergie électrique par la fission de l'atome.
6. Pays fui par la famille d'Aylan.
7. Pays où l'on a retrouvé le corps sans vie du petit Aylan.

Verticalement

A. Fondamentalistes religieux au Pakistan et en Afghanistan, qui ont tenté d'assassiner Malala.
B. Partie d'une centrale nucléaire où se produit la fission.
C. Là où se déroulent les matches.
D. Pays nordique dont l'équipe a passionné les foules lors de l'Euro 2016.
E. Produit de la fusion du cœur d'un réacteur nucléaire.

LE DEBAT D'AUJOURD'HUI

Le débat qui va s'ouvrir devant la Chambre se présente dans des conditions que nul n'aurait pu prévoir il y a trois ou quatre jours, mais que nul ne saurait méconnaître aujourd'hui. Une question prime manifestement toutes les autres : la question Chiappe et le bouleversement ministériel qu'elle a entraîné. C'est là-dessus que le centre et la droite attaqueront. C'est là-dessus que le gouvernement est tenu d'obtenir, sans désemparer, une décision de la Chambre.

Tout le monde s'accordera, j'imagine, pour que la question soit posée franchement et tranchée séance tenante. Je ne suis nullement enclin à m'exagérer la gravité des « mouvements d'opinion » que la presse nationaliste nous annonce. Mais rien ne les favoriserait plus sûrement que la lenteur, la confusion, l'atermoiement du débat parlementaire. La Chambre doit décider, et décider vite. Elle est saisie de je ne sais plus combien d'interpellations. Qu'elle extraie du nombre celles qui se rapportent directement à la question Chiappe, qu'elle s'en saisisse aussitôt, et qu'elle ajourne les autres. Je puis fournir en exemple

Le Gouvernement demandera la confiance du Parlement « pour assurer la défense des institutions »

Pour faire toute la lumière sur le scandale Stavisky il proposera une commission d'enquête restreinte, mais munie de pouvoirs judiciaires

LA SEANCE DE LA CHAMBRE PROMET D'ETRE EXTREMEMENT ORAGEUSE

Le débat qui s'engagera, cet après-midi, devant la Chambre, promet d'être si orageux, que pour trouver des précédents dans l'histoire de la République, il faut se reporter à l'affaire Dreyfus.

A l'ordre du jour est inscrite la présentation du ministère Daladier.

En réalité, la question Chiappe dominera la discussion. Les manifestations contre la République organisées dans la rue par les trublions royalistes, Jeunesses Patriotes, Croix de Feu ou autres fascistes, ne se rattachent-elles pas uniquement au débarquement d'un fonctionnaire factieux ?

C'est [illegible]e cela qu'il sera davantage questio[illegible] que de la composition du cabinet et de son programme.

Le gouvernement est décidé à maintenir l'ordre dans la rue. La déclara-

Toutes les organis[...] préparent pour aujo[...] dans les [...]

Les Camelots du Roy, les Jeu[...] et autres fascistes partent en [...] et cont[...]

Le Gouvernement [...]

MOBILISATI[...]

CAMARADES !

Les forces fascistes viennent brusquement de décider leur offensive.

C'est l'existence même de nos organisations ouvrières qui est mise en cause.

La vermine nationaliste démasque ses batteries depuis le départ du préfet de coup d'Etat.

Mais nous ne sommes pas dispo-

sables. Exé[...] puleusemen[...] TIDIENS q[...] venir.

CE SOIR[...] ATELIERS,[...] REAUX D[...] SEMBLEZ-[...] TUEL DE [...] BLISSEZ L[...] SIEGE FED[...] VOISINES, [...]

Une du journal *Le Populaire*, 6 février 1934.

Informer, s'informer, déformer

Les formes et les enjeux de l'information

REPÈRES

PARCOURS DE LECTURE

GROUPEMENT DE DOCUMENTS

Quels sont les différents types de presse ?

Selon le support, on distingue la presse écrite traditionnelle (imprimée sur du papier), la presse audiovisuelle (radio et télévision) et la presse numérique. On peut aussi classer les journaux selon leur contenu.

• PRESSE D'INFORMATION GÉNÉRALE, D'OPINION, MAGAZINE

La **presse d'information générale** aborde tous les sujets et notamment l'actualité politique, économique, sociale, sportive, scientifique, etc. En France, des quotidiens tels que *Le Monde*, ou *Libération* ou des hebdomadaires tels que *Marianne* ou *L'Express* relèvent de cette catégorie.

Le ***quotidien*** *paraît chaque jour ; l'****hebdomadaire****, chaque semaine ; le* ***mensuel****, chaque mois.*

La **presse d'opinion** traite l'information selon un point de vue assumé. Ainsi, *L'Humanité* exprime les orientations du parti communiste, *La Croix* analyse l'actualité avec un regard chrétien.

La **presse magazine** est une presse de divertissement : chaque titre est consacré à un domaine particulier, par exemple le sport, l'informatique, ou vise un public spécifique, telles les femmes dans le cas de la presse féminine.

• REVUES ET JOURNAUX PROFESSIONNELS

Les **revues** sont des périodiques qui se rapprochent du livre par leur format. Dans le domaine scientifique, elles permettent aux chercheurs de publier leurs travaux.

La **presse professionnelle** est composée de journaux dédiés à un secteur d'activité. Ceux-ci couvrent l'actualité de ce secteur mais, du fait de la place réservée aux annonceurs, ils n'ont pas, en général, le statut d'organes de presse

En France, la presse est régie par un « statut » qui permet de bénéficier d'aides financières et d'avantages fiscaux. Pour obtenir ce statut, le journal doit contenir moins de 30 % de publicité.

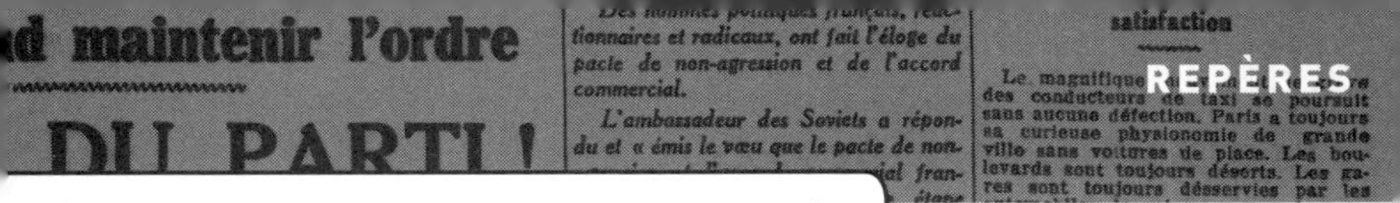

Comment un journal est-il organisé ?

Dans un journal d'information générale, les informations sont classées dans des rubriques et hiérarchisées en fonction d'une ligne éditoriale.

● LA « UNE »

Dans un journal papier traditionnel, la une* est la première page. La manchette ou gros titre annonce le sujet le plus important – le « fait du jour », dans le cas d'un quotidien –, qui sera développé plus longuement dans les premières pages du journal. Les appels de une font référence à d'autres sujets, qui seront traités dans leurs rubriques respectives.

● LES RUBRIQUES

Les rubriques, qui correspondent aux différents types de sujets présents dans l'actualité, permettent de classer l'information.
Voici les rubriques les plus courantes dans la presse d'information générale :
– la rubrique « **Politique** » évoque la vie politique du pays : les élections, les luttes entre les partis et à l'intérieur des partis, telle décision du gouvernement et les réactions qu'elle suscite ;
– la rubrique « **International** » rapporte ce qui se passe dans le monde et à l'étranger, les accords entre les pays, les tensions, les guerres ;
– selon les sujets, la rubrique « **Économie** » analyse la vie des entreprises ou cherche à comprendre les grands équilibres économiques à l'échelle mondiale ;
– dans la rubrique « **Société** », il peut être question de difficultés rencontrées par les gens, de mouvements sociaux (manifestations, grèves), du système éducatif ;
– la rubrique « **Faits divers** » relate des accidents ou des crimes particulièrement marquants.

Quels sont les différents types d'articles ?

Un journal se compose de différents types d'articles, que l'on peut classer en deux grandes catégories : ceux qui donnent une information (la brève*, le compte rendu et le reportage*) et ceux qui proposent un point de vue (l'entretien, l'éditorial* et la tribune).

● LA BRÈVE

La brève est un article très court, qui présente les faits sans les commenter ni les expliquer (doc. 1, p. 68). Le plus souvent, elle consiste en la réécriture d'une dépêche d'agence.

● LE COMPTE RENDU ET LE REPORTAGE

Dans un compte rendu, le journaliste, qui a assisté à un événement important, en rend compte de manière factuelle, sans prendre parti. On parle de reportage lorsqu'un journaliste se déplace sur le lieu d'une actualité pour rencontrer les protagonistes et rendre compte de manière détaillée de ce qui s'est passé. Le reportage est en général un article long, de type narratif, dans lequel sont enchâssés, sous forme de citations, les propos de plusieurs personnes impliquées dans les faits (doc. 9, p. 32). Ce type d'article, souvent associé à des encadrés, permet au lecteur d'avoir une vision d'ensemble et de l'intérieur d'un événement.

Au sein d'un reportage ou d'un compte rendu figurent souvent des encadrés qui apportent des informations complémentaires, en présentant le contexte, un exemple ou des données significatives.

● L'INTERVIEW OU L'ENTRETIEN

L'interview consiste, selon le cas, à recueillir le témoignage d'une personne impliquée dans un événement ou à demander à une personne qualifiée (ministre, scientifique…) sa vision de la situation ; on parlera

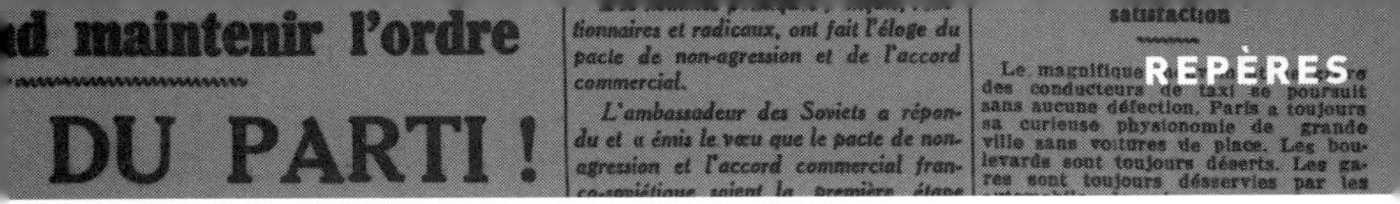
d maintenir l'ordre
DU PARTI !

tionnaires et radicaux, ont fait l'éloge du pacte de non-agression et de l'accord commercial.

L'ambassadeur des Soviets a répondu et « émis le vœu que le pacte de non-agression et l'accord commercial franco-soviétique soient la première étape

satisfaction

Le magnifique … des conducteurs de taxi se poursuit sans aucune défection. Paris a toujours sa curieuse physionomie de grande ville sans voitures de place. Les boulevards sont toujours déserts. Les gares sont toujours desservies par les

alors plus volontiers d'« entretien » (doc. 6, p. 26). L'interviewé peut également être une personnalité – artiste, acteur, sportif… – dont le journaliste juge intéressant de révéler le parcours et les idées, à l'occasion d'un événement auquel elle a pris part.

L'écriture journalistique : une écriture très calibrée

L'écriture journalistique est tributaire de multiples contraintes :
– juridiques : *pas de diffamation*, ni de fausses informations ni de publicité déguisée ;*
– rédactionnelles : *adaptation aux attentes du lectorat et au support pour lequel on travaille ;*
– formelles : *un article se mesure en « feuillets » et un journaliste doit rendre exactement le nombre de feuillets qu'on lui a demandé.*

● L'ÉDITORIAL OU LA CHRONIQUE

Dans un éditorial, le journaliste propose une analyse de l'actualité. Les faits sont mis en perspective selon un point de vue conforme à la ligne éditoriale du journal (doc. 7, p. 57).

● LA TRIBUNE

Elle exprime le point de vue, sur une situation ou un événement, d'une personne étrangère au journal, permettant ainsi aux lecteurs de confronter plusieurs avis sur une question. Elle n'engage pas le journal qui la publie (doc. 7, p. 28).

Le rôle des visuels dans la presse

la photo de presse	Elle donne à voir une scène, les protagonistes ou les lieux de l'événement. On distingue la photo de reportage, prise sur le vif par un photoreporter, et la photo d'illustration issue des archives du journal.
l'infographie	Elle présente des informations sous la forme d'un schéma ou d'une carte, qui peuvent être enrichis de motifs graphiques (doc. 3, p. 95).
le dessin de presse	Il exprime un point de vue sous la forme d'un dessin satirique ou d'une caricature (doc. 4, p. 22). On l'utilise également avec une visée informative lorsque la photo est interdite : par exemple, à l'intérieur d'un tribunal.

Quel est le cadre de travail d'un journaliste ?

La mission du journaliste consiste à mettre à la disposition du public une information de qualité. C'est un métier exigeant qui requiert un gros travail d'investigation*, d'analyse et d'écriture. Par ailleurs, même dans une démocratie qui respecte la liberté de la presse, le journaliste doit souvent résister à de multiples pressions.

● LES RÈGLES DU MÉTIER

La profession de journaliste est régie par une charte de déontologie qui fixe les principes et les règles éthiques que doit respecter tout journaliste « digne de ce nom ». Cette charte rappelle ainsi que c'est « le droit du public à une information de qualité, complète, libre, indépendante et pluraliste » qui guide le journaliste dans l'exercice de sa mission.

Une charte de déontologie professionnelle définit les règles que doivent respecter les professionnels dans l'accomplissement de leur activité.

Le métier est défini comme consistant à « rechercher, vérifier, situer dans son contexte, hiérarchiser, mettre en forme, commenter et publier une information de qualité ».

● DES DROITS SPÉCIFIQUES

Pour exercer son métier, le journaliste bénéficie de droits spécifiques. En premier lieu, il dispose d'une carte de presse, c'est-à-dire d'une carte d'identité professionnelle qui lui permet d'accéder plus facilement à des lieux où il peut obtenir des informations.
Le secret des sources du journaliste est protégé : autrement dit, il n'est pas tenu de dire qui lui a donné une information, même à la police ou à la justice. En cas de changement de la ligne éditoriale de son journal, il peut faire jouer une clause de conscience et donner sa démission avec la garantie de pouvoir bénéficier d'indemnités chômage.

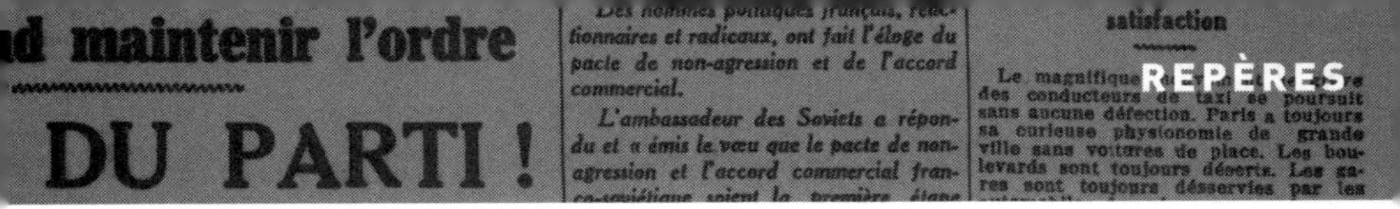
maintenir l'ordre
DU PARTI !
tionnaires et radicaux, ont fait l'éloge du pacte de non-agression et de l'accord commercial.
L'ambassadeur des Soviets a répondu et « émis le vœu que le pacte de non-agression et l'accord commercial fran-
satisfaction
Le magnifique
des conducteurs de taxi se poursuit sans aucune défection. Paris a toujours sa curieuse physionomie de grande ville sans voitures de place. Les boulevards sont toujours déserts. Les gares sont toujours desservies par les

La liberté de la presse en France

La liberté de la presse est l'un des principes fondamentaux des démocraties : elle repose sur la liberté d'opinion et la liberté d'expression.
En France, cette liberté est proclamée en 1789 dans la Déclaration des droits de l'homme et du citoyen. Mais il faut attendre la IIIe République et la loi de 1881 pour qu'elle soit réellement consacrée.

● DE MULTIPLES PRESSIONS

Dans certains pays, la liberté de la presse est entravée et les journalistes qui s'expriment de manière critique vis-à-vis du pouvoir en place prennent le risque d'être emprisonnés.

Cependant, même dans des démocraties où la presse est libre, le journaliste peut être exposé à des pressions qui peuvent lui faire renoncer à traiter des sujets avec le sérieux et l'indépendance nécessaires.

On peut également évoquer les situations de conflits d'intérêts. Par exemple, dans un journal qui vend régulièrement des pages de publicité à un constructeur automobile, la direction du journal risque de s'opposer à ce qu'un journaliste écrive des articles contre le développement du transport automobile, de peur de perdre des recettes publicitaires.

Enfin, un journaliste critiquant une personnalité peut être accusé par celle-ci de diffamation* et faire courir à son journal le risque d'un procès.

Un métier aujourd'hui menacé par la révolution numérique ?

Les trois quarts des journalistes sont employés par la presse écrite (sur support papier). La révolution numérique (apparition d'Internet, du multimédia) a eu deux conséquences importantes qui fragilisent la profession :
– la diminution du nombre de lecteurs qui induit une baisse constante de la diffusion de l'ensemble des titres de presse depuis 1990 ;
– la concentration des métiers : avec l'évolution des techniques, un seul journaliste est à la fois enquêteur, rédacteur, photographe, preneur de son, ce qui diminue le nombre d'emplois et rend le métier plus difficile à exercer.

Étape 1 • La catastrophe de Fukushima

SUPPORT • Documents 1 à 9, pages 18 à 42.

OBJECTIF • Faire le bilan sur la couverture de la catastrophe à travers les 9 articles proposés.

Différents types d'articles

1 Relie les éléments comme il convient.

- L'ARTICLE du *Monde* •
- L'INFOGRAPHIE du *Parisien* •
- L'ENTRETIEN du *Figaro* •
- La TRIBUNE de *Marianne* •
- Le REPORTAGE de *Sciences et Avenir* •

- • apporte un point de vue technique sur l'état du parc nucléaire.
- • annonce la catastrophe presque en temps réel.
- • laisse s'exprimer des personnes engagées contre le nucléaire.
- • propose un témoignage plusieurs années après la catastrophe.
- • informe par l'image des dangers du nucléaire.

2 En analysant le témoignage de Dominique Leglu dans *Sciences et Avenir* (doc. 9, p. 32), explique en quoi la journaliste a eu des difficultés pour approfondir son reportage.

Analyses et polémiques

3 On apprend dans *Libération* (doc. 8, p. 31) que, quelques jours après la catastrophe, « 110 000 personnes sont obligées de quitter une zone de 20 kilomètres autour de la centrale ». À l'aide de cet article et de celui du *Parisien* (doc. 5, p. 23), explique les raisons de cet exode massif.

4 À quel titre Robert Kelley (doc. 6, p. 26), Hélène Gassin et Mickaël Marie (doc. 7, p. 28) donnent-il leur avis sur l'énergie nucléaire ?

5 En regard des arguments de Robert Kelley en faveur du nucléaire (doc. 6, p. 26), liste ceux des écologistes (doc. 7, p. 28) contre l'EPR et le nucléaire en général.

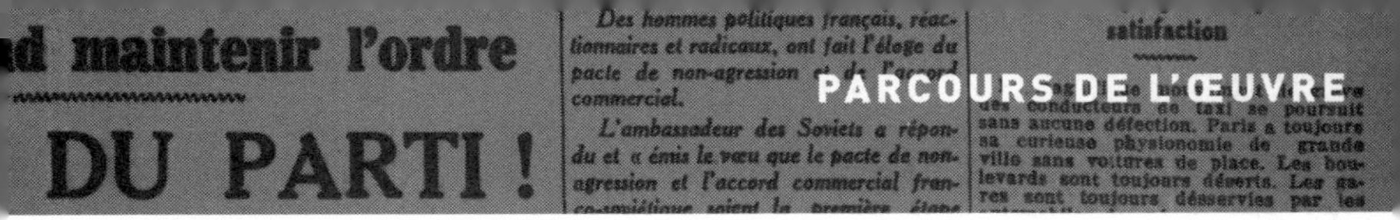

Arguments de Robert Kelley	Arguments des écologistes
• L'énergie nucléaire fait partie de notre mix énergétique. • Les activités d'ingénierie à l'échelle d'une centrale nucléaire passent par une remise en cause et une amélioration permanentes.	• .... • ....

La langue et le style

6 Le registre polémique. De quelle manière Hélène Gassin et Mickaël Marie combattent-ils le projet de l'EPR de Flamanville ? Relève les expressions ironiques et les termes péjoratifs.

À ton avis

7 Regard de lecteur. Quels documents du corpus ont le plus attiré ton attention sur le drame de Fukushima ? Justifie ta réponse en tenant compte de leur genre.

Faire le bilan

8 Une catastrophe racontée dans la presse écrite. Complète le texte avec les mots suivants : *entretiens – nucléaires – sources – polémique – spécialistes – tribunes – une de journal.*
Quand une catastrophe survient, la presse écrite l'annonce en .... Les journalistes interrogent des .... sur place, et recueillent par des .... les points de vue de .... La presse peut aussi, à travers des ...., créer une .... Par exemple, ici, sur la question du ....

Écrire maintenant

9 Tribune. Au sein d'une tribune, tu rappelles qu'il faut encourager le recours aux énergies renouvelables. Tu peux consulter le site http://www.energies-renouvelables.org. Ta tribune aura un ton vif et déterminé.

Étape 2 • Malala, prix Nobel de la paix

SUPPORT • Documents 1 à 9, pages 44 à 64.

OBJECTIF • Faire le bilan sur une question de société à travers les 9 articles proposés.

L'agression d'une icône internationale

1 Rétablis l'ordre chronologique du parcours de Malala.
. . . . création du « Fonds Malala » pour l'éducation des filles
. . . . obtention du prix Nobel de la paix
. . . . exil en Angleterre
. . . . participation à un blog de la BBC
. . . . agression par un taliban
. . . . publication d'une autobiographie

2 **a.** Compare la dépêche de l'AFP (doc. 1, p. 44) et l'article de *Paris Match* (doc. 2, p. 47). Quel événement traitent-ils tous les deux ?
b. Par quels moyens le journaliste de *Paris Match* tente-t-il de susciter davantage l'émotion du lecteur ?

3 Dans quelle mesure les différents médias ont-ils permis à Malala d'acquérir une renommée internationale ?

4 Quels documents montrent que le combat de Malala n'est pas approuvé de tous et fait l'objet de polémiques* ?

La défense de l'éducation pour tous

5 Relève, à partir des trois derniers documents du corpus, quatre facteurs de déscolarisation des filles.
1. . . . . 2. . . . .
3. . . . . 4. . . . .

6 Pourquoi Dominique Quinio, journaliste à *La Croix* (doc. 7, p. 57), emploie-t-elle le mot de « mascarade » pour commenter la photo publiée dans sa tribune ?

7 Comment les chiffres de l'infographie OpinionWay (doc. 9, p. 63) prouvent-ils que les citoyens ne sont pas assez renseignés sur l'accès à l'éducation des filles ?

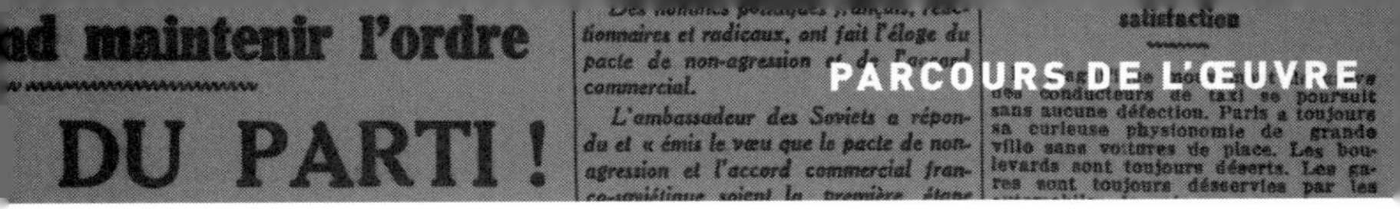

La langue et le style

8 Le vocabulaire de l'éloge. « L'horreur et l'émoi suscité dans le monde en feront l'icône internationale du combat contre l'extrémisme religieux », affirme Lucie Peyterman dans l'article du *Monde* (doc. 6, p. 53).

a. Quel sens du mot « icône » choisis-tu parmi les définitions données dans l'article ?

b. Relève d'autres termes élogieux employés dans le premier paragraphe de cet article.

À ton avis

9 Le pouvoir des médias. En quoi les journalistes peuvent-ils jouer un rôle important dans la défense de grandes causes internationales ? Illustre ta réponse en faisant référence à différents médias.

Faire le bilan

10 Complète le texte avec les mots suivants : *déscolarisation – extrémistes religieux – médias – engagée – icône internationale – éloge.*

Malala est une jeune fille .... pour l'éducation des filles. Elle s'est fait entendre grâce aux .... qui font souvent son .... et la considèrent comme une .... Cependant, elle doit affronter les assauts des .... et son combat est loin d'être achevé : beaucoup de filles, surtout dans les pays pauvres, sont encore victimes de ....

Écrire maintenant

11 Un portrait élogieux. Choisis une personnalité que tu admires pour son engagement en faveur d'une grande cause. Compose un article élogieux, qui informe de ses principales actions et dresse son portrait.

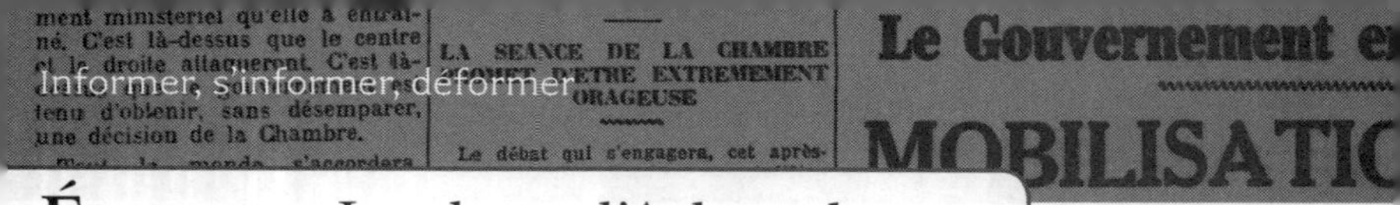

Étape 3 • La photo d'Aylan à la une de la presse européenne

SUPPORT • Documents 1 à 10, pages 68 à 90.

OBJECTIF • Faire le bilan sur les enjeux de la crise des réfugiés et les effets d'une photo de presse.

La photo et le débat qu'elle a soulevé

1 Comment la photo est-elle composée ? En quoi la présence du policier turc rend-elle l'image encore plus choquante ?

2 Pourquoi a-t-elle été diffusée et commentée très rapidement ?

3 Classe les articles du dossier dans le tableau.

Ceux qui exposent des faits	Ceux qui formulent un point de vue

4 Quel a été l'effet de cette photo en Europe ? Cite au moins deux articles et distingue les différentes réactions des gens et celles des gouvernements.

5 **a.** Complète le tableau avec au moins deux des articles consacrés à Aylan, en indiquant à chaque fois le titre de l'article et le nom du journal.

Pour la diffusion de la photo	Contre la diffusion de la photo

b. Relève les arguments et les adjectifs employés pour et contre la diffusion de la photographie.

La crise des réfugiés et la question de leur accueil

6 Quelles menaces pesaient sur la famille d'Aylan ?

7 En combien de temps la famille est-elle parvenue à Bodrum ? Quelles ont été les étapes de son périple ? Pour répondre, complète le tableau suivant.

Entre janvier et septembre 2015	
Nombre de réfugiés arrivés en Europe	
Nombre de personnes noyées en mer	
Nombre de demandes d'asile en France	
Pays d'origine des réfugiés	

8 Explique la différence entre les termes « migrants » et « réfugiés ».

9 Quel pays d'Europe accueille le plus de réfugiés ?

10 **a.** Quels sont les arguments de ceux qui souhaitent accueillir les réfugiés ?
b. Quels sont les arguments de ceux qui sont contre cet accueil ?

11 Quelles initiatives peuvent être prises en faveur de l'accueil des réfugiés ? Pour répondre, appuie-toi sur l'article de la page 85.

À ton avis

12 **Pour ou contre l'accueil ?** En t'appuyant sur les résultats de ton enquête, penses-tu que les réfugiés doivent être accueillis et pourquoi ?

Faire le bilan

13 **Les répercussions d'une photo.** Dans un paragraphe argumenté, tu montreras comment la photo du petit Aylan a provoqué une prise de conscience européenne sur les réfugiés de la guerre civile syrienne.

Enquêter maintenant

14 **Les réfugiés dans l'histoire.** Fais une recherche sur la question des réfugiés pendant de grandes crises historiques (guerres, famines, catastrophes…). Qui étaient-ils ? Où ont-ils été accueillis ? Par qui ? Dans quelles conditions ?

Étape 4 • L'Euro de football 2016

SUPPORT • Documents 1 à 7, pages 92 à 107.

OBJECTIF • Lire un dossier sur l'Euro 2016 et comprendre en quoi le sport engage des enjeux de société.

Raconter l'installation des équipes

1 Où sont logées les équipes de Roumanie et d'Irlande pendant l'Euro ?

2 Attribue à chaque témoin la phrase qu'il prononce.

« Ils jouent largement mieux que lui. » •	• Tom, 8 ans
« J'ai juste vu passer leur bus. » •	• Patrice Temel, patron du seul café de la ville
« Si l'Eire veut en faire autant, on l'accueillera avec plaisir » •	• Armand Barré, patron d'un bar à Versailles

3 Comment les réactions des habitants sont-elles rapportées ?
☐ au discours direct. ☐ au discours indirect

4 D'après toi, les personnes dont les propos sont rapportés ont-elles été choisies au hasard ?

Analyser une situation : l'organisation de la sécurité

5 En quoi les personnes interrogées dans les doc. 2 et 4, p. 94 et 95, peuvent-elles être considérées comme des « sources* » ? Pour répondre, aide-toi de l'Ouverture p. 6.

6 Pour ou contre les fan-zones ? Relève dans le tableau les arguments des deux personnes interrogées dans le doc. 4, p. 95.

	Pour	**Contre**
Auteur		
Sa fonction		
Ses arguments		

7 Duquel de ces deux points de vue celui de la personne interrogée page 94 se rapproche-t-il le plus ? Justifie ta réponse par une citation.

8 Qu'indiquent les chiffres présentés page 95 ? Se limitent-ils à la sécurité ? Comment sont-ils présentés ?

9 Pourquoi le journaliste donne-t-il la parole à des personnes dont le point de vue est opposé plutôt que de donner le sien ?

Raconter en détail : l'équipe d'Islande

10 Quels sont les handicaps de l'équipe d'Islande ?

11 Choisis parmi ces items ceux qui caractérisent le rôle joué par le football en Islande.

- ☐ économique.
- ☐ éducatif.
- ☐ lien social.
- ☐ publicitaire
- ☐ civique
- ☐ financier

12 Qu'apprend-on sur l'Islande à la lecture de cet article ?

13 Quelles valeurs humaines l'épopée de l'équipe islandaise a-t-elle mises en lumière ?

14 À partir de tes réponses à la question précédente, peux-tu expliquer pourquoi on s'est presque plus intéressé à l'équipe d'Islande qu'à celle du Portugal qui a pourtant gagné la finale ?

Faire le bilan

15 **Les enseignements de l'Euro.** Rédige une courte synthèse en deux parties, dans laquelle tu résumeras d'une part les difficultés surmontées pour l'organisation de l'Euro et d'autre part les valeurs sociales et humaines mises en avant par les journalistes. Pour chaque partie, tu citeras un article précis.

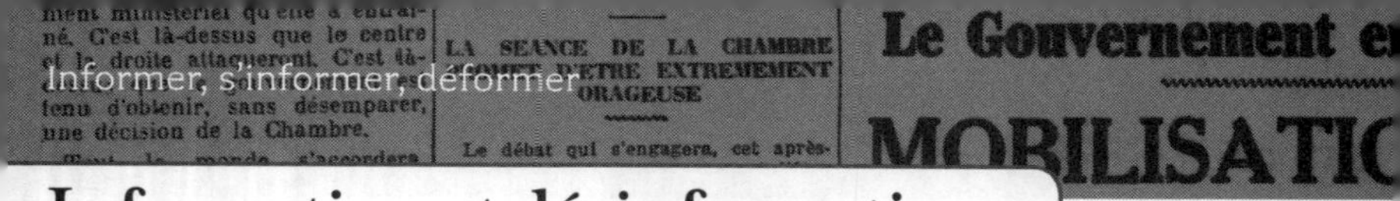

Information et désinformation : groupement de documents

OBJECTIF • Faire prendre conscience de la multiplication des fausses informations sur Internet et donner des outils pour les traquer.

DOCUMENT 1 Fake news *: fausses infos, vrai casse-tête*

Sur les réseaux sociaux, les fake news, *ces affirmations souvent volontairement fausses, se propagent comme un virus. Pédagogie, vérification des faits, arsenal juridique : la résistance s'organise.*

« Le pape soutient Donald Trump. » « Hillary Clinton a vendu des armes à l'État islamique. » « Le suicide de Pénélope Fillon a été annoncé à la télévision. » Comme on le sait aujourd'hui, toutes ces affirmations sont fausses. Contrefaites[1]. Trompeuses. Ce sont des *fake news* (« fausses nouvelles »), la terminologie à la mode pour désigner de vilains mensonges. Certaines se propagent comme des traînées de poudre sur les réseaux sociaux. Selon PropOrNot, un collectif de chercheurs cité par le *Washington Post* ayant étudié près de deux cents sites américains, de fausses histoires ont été vues 213 millions de fois sur Facebook pendant la dernière campagne américaine ! Vingt-trois pour cent des Américains auraient déjà partagé des informations erronées, d'après une étude du Pew Research Center aux États-Unis.
Entre sites partisans, officines complotistes et propagande russe, médias et pouvoirs publics essaient encore de déterminer le rôle joué par les boniments[2] dans l'élection de Donald Trump. « Le nouvel écosystème médiatique veut que tout soit vrai et que rien ne soit vrai, *constatait en novembre dernier le tout jeune retraité Barack Obama dans le "New Yorker"*. Une explication du changement climatique par un Nobel de physique est présentée de la même façon sur votre page Facebook qu'un déni du changement climatique par un inconnu payé par les frères Koch [hommes d'affaires et soutiens financiers du Parti républicain, ndlr[3]] ».

1. **Contrefaites** : modifiées pour tromper.
2. **Officines complotistes** : endroits où se préparent des complots ; **boniments** : discours trompeurs, mensongers.
3. **NDRL** : note de la rédaction.

C'est le paradoxe actuel : l'information n'a jamais été aussi accessible et foisonnante, mais il n'a jamais été aussi difficile d'y faire le tri. Les réseaux sociaux la déversent sans filtre. La défiance envers les médias ne cesse de grimper. On se laisserait guider par nos émotions plutôt que par les faits réels, certains appellent ça l'ère de la « post-vérité », un euphémisme[1] pour désigner le règne des mensonges. Les pouvoirs publics paraissent démunis face à un phénomène qui met à mal la démocratie. Alors, face aux *fake news*, qu'est-ce qu'on fait ? [...]

Géants du Net et médias, même combat ?

Dès lors, comment échapper aux faux et usages de faux ? En première ligne dans la propagation des fausses infos, Google et Facebook ont longtemps nié toute forme de responsabilité. Avec cet éternel argument : hébergeurs, ils ne seraient pas responsables des contenus diffusés sur leurs réseaux. Une défense devenue de plus en plus intenable. En février dernier, le fondateur de Facebook, Mark Zuckerberg, s'est dit « inquiet [...] [de] la diversité des opinions auxquelles nous sommes confrontés et de la véracité des informations ».

Début d'une prise de conscience ou simple posture de communication ? Facebook a depuis annoncé la mise en place d'un dispositif anti-*fake news* animé par des journalistes vérificateurs (aussi appelés *fact-checkeurs*). S'il va embaucher quelques stagiaires dans sa chasse aux fausses infos, le réseau social compte surtout s'appuyer sur des médias partenaires. En France, des accords ont été signés avec l'AFP, BFM TV, France Télévisions, France Médias Monde, *Le Monde, L'Express, Libération* et *20 Minutes*. Stratégie identique côté Google, qui soutient CrossCheck, coalition d'une quarantaine de médias nationaux et régionaux (AFP, *Le Monde, Libération, Les Échos, LCI, Le Télégramme, La Voix du Nord*, etc.) censée identifier plus rapidement les fausses informations.

1. **Euphémisme** : façon atténuée de dire une chose qui, exprimée de façon directe, pourrait choquer.

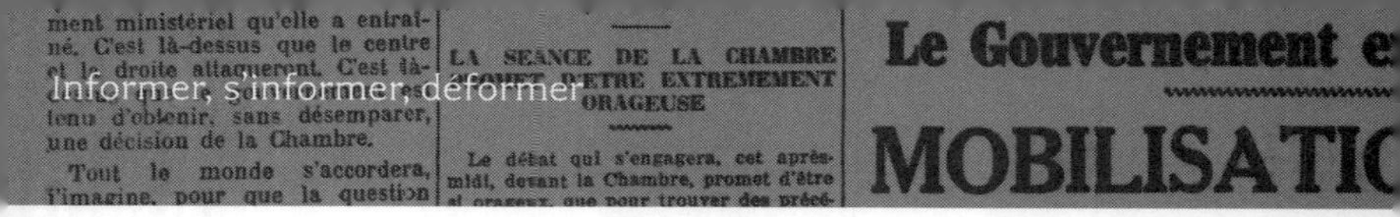

Développer la pédagogie

Pour combattre cette nouvelle maladie de l'info, il faut aussi miser sur la prévention. « À l'école, un enseignement spécifique aux images et à Internet doit être intégré à toutes les matières pour développer un véritable esprit critique. Il faut enclencher une révolution pédagogique », estime le sociologue Gérald Bronner. Cela passe également par les médias. « Comment vérifier une vidéo ou une photo ? », « Comment se débrouiller sur les réseaux sociaux ? », « Qu'est-ce qu'une source ? », etc.

En six vidéos de deux minutes trente chacune, France Télévisions, en partenariat avec Les Décodeurs du Monde.fr et Rue 89-L'Obs, veut aider le grand public à faire le tri. L'opération débute ces jours-ci. « Toutes ces vidéos seront mises en ligne sur les sites de France Télévisions et des partenaires, *détaille Martin Gouesse, qui pilote l'opération au sein du groupe public*. Dans le même ordre d'idées, nous diffusons cinq affiches façon "les gestes qui sauvent pour vérifier l'info", à destination des journalistes de toutes les rédactions du groupe. » Multiplier les armes, attaquer sur tous les fronts : un début de la solution contre les *fake news* ?

RICHARD SÉNÉJOUX et OLIVIER TESQUET, *Télérama n° 3507*, 29 mars 2017.

DOCUMENT 2 *Comment vérifier les images des réseaux sociaux ?*

La TEAM OBSERVERS est une équipe de journalistes amateurs, de différentes nationalités, dont les images et les textes sont sélectionnés, vérifiés et traduits par des journalistes de France 24. Ils sont au plus près des événements.

Devenez observateur

De plus en plus d'intox circulent sur les réseaux sociaux, que ce soit sur les migrants ou la guerre en Syrie. En fait sur à peu près tous les sujets d'actualité. Un type de manipulation y fleurit particulièrement : les détournements de photos et de vidéos. La mauvaise nouvelle, c'est que les médias n'ont pas les moyens de vérifier toutes ces images sur le terrain. La bonne, c'est qu'il existe aujourd'hui tout un panel d'outils et de techniques qui permettent d'enquêter sur ces hoax[1].

1. **Hoax :** mot anglais désignant les blagues, les fausses nouvelles qui circulent sur Internet.

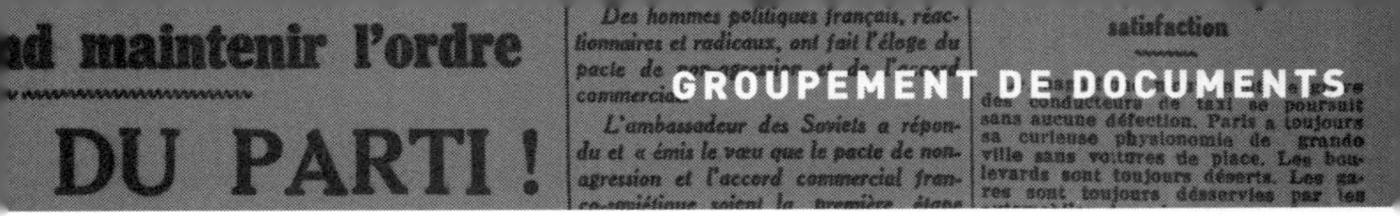

Comme la désinformation n'est pas née avec Internet, la manipulation d'images n'est pas apparue avec Photoshop et Twitter. Même si leurs moyens nous paraissent aujourd'hui rudimentaires, les dirigeants soviétiques, pour ne prendre qu'un exemple, avaient pris l'habitude d'effacer de leurs photos les responsables politiques tombés en disgrâce.
Ce qui a toutefois changé, c'est que la fabrication et la diffusion de ces intox sont aujourd'hui à la portée de tous. Les réseaux sociaux ont donné un terrain de jeu sans précédent aux complotistes[1] et désinformateurs de tous bords. En France, la tragédie de *Charlie Hebdo* a mis au grand jour le problème. Dans les heures qui ont suivi la tuerie, des dizaines de fausses images ont commencé à se répandre sur les réseaux. À chaque fois, le même message : « On vous ment ! » Peu importe finalement qui se trouve derrière ces mensonges – les juifs, les francs-maçons[2], les États-Unis, ou les trois... –, l'important pour ces internautes est d'insinuer le doute dans les esprits, en décrédibilisant au passage les journalistes.

www.observers.france24.com/fr, article écrit
par la TEAM OBSERVERS (« équipe des observateurs »),
en collaboration avec JULIEN PAIN.
L'intégralité de l'article est disponible sur le site
france24.fr.

1. **Complotistes** : personnes qui croient au complot.
2. **Francs-maçons** : membres de la franc-maçonnerie, association philosophique et progressiste née en Angleterre au XVIIe siècle. Structurée autour de rites et de traditions, elle se consacre à l'amélioration de l'homme et de la société.

DOCUMENT 3 *Pourquoi il est important de vérifier une information avant de la partager*

Le Monde propose depuis 2009 le Décodex, un ensemble d'outils permettant de vérifier la fiabilité des informations qui circulent sur Internet. Voici l'une des ressources que les Décodeurs mettent à la disposition des internautes.

[...] **Vérifier les sources d'une information**
Voici quelques conseils pour mettre en perspective les informations partagées en ligne et dans les médias.

Par « source », on entend origine de l'information. Cette dernière peut être plus ou moins directe et plus ou moins clairement mentionnée.

Il n'existe pas de sources qui ne se tromperaient jamais et de sources qui seraient tout le temps dans l'erreur. Cela dit, on peut accorder un crédit supplémentaire à un article quand la personne qui l'a rédigé s'efforce au maximum d'être transparente sur l'origine de ses informations, se montre mesurée dans ses affirmations, confronte différents points de vue ou encore admet et rectifie, le cas échéant, ses erreurs. À l'inverse, certains sites n'hésitent pas à tordre sciemment[1] la réalité ou à cacher des informations essentielles.

Voici quelques conseils pour mettre en perspective les informations qui vous sont proposées.

1. Identifiez l'auteur du message. Qui s'exprime ? S'agit-il d'un média connu, d'une personnalité publique ou bien d'un site ou d'un internaute dont vous n'avez jamais entendu parler ? En cas de doute, vous pouvez consulter notre annuaire des sources pour y voir plus clair.

2. Partez du principe qu'une information donnée sur le Web par un inconnu est par défaut plus fausse que vraie. Fiez-vous plutôt aux médias reconnus, aux journalistes et aux experts identifiés. Ne considérez pas pour autant que cela suffit à rendre leurs informations vraies.

3. Recoupez le message, une fois la source identifiée : si plusieurs médias fiables donnent la même information en citant des sources différentes, elle a de bonnes chances d'être avérée[2]. À l'inverse, face à une information non sourcée, le fait de ne pas en retrouver la mention ailleurs invite à la plus grande prudence.

4. Remontez à la première source dans la mesure du possible. Beaucoup de messages qui circulent sur les réseaux sociaux ne disent pas d'où provient l'information. L'idée à retenir est qu'il vaut mieux entendre directement une conversation que de se fier au récit de quelqu'un qui a parlé à quelqu'un qui y a assisté. Les sources indirectes, du type « le mari d'une amie d'un collègue » ou « un ami d'ami » ainsi que les sources prétendu-

1. **Sciemment** : volontairement.
2. **Avérée** : certaine, sûre.

ment institutionnelles mais très floues comme « quelqu'un qui travaille à la police/à la DGSI[1]/dans l'armée » sont donc à éviter.

5. Dites-vous que plus une information est surprenante, plus elle doit être étayée[2] et précise. Méfiez-vous également des fausses évidences, du type « tout le monde sait que... » ou « inutile de démontrer que... »

AGATHE DAYHOT, *Les Décodeurs*, www.lemonde.fr, 23 janvier 2017.

1. **DGSI** : Direction générale de la sécurité intérieure.
2. **Étayée** : soutenue par de bons arguments.

DOCUMENT 4 ***Des réflexes indispensables***

La Fédération internationale des associations et institutions de bibliothèques (IFLA) est la principale organisation représentant les intérêts des bibliothèques et des services d'information, et de leurs usagers. Elle récapitule dans cette infographie les réflexes à avoir pour ne pas se laisser tromper.

http://www.ifla.org

As-tu bien lu ?

1 **Document 1.** Coche les différentes solutions pour lutter contre les fausses informations :

- ☐ éduquer les internautes
- ☐ multiplier les images et les points de vue
- ☐ établir une censure stricte
- ☐ créer des accords entre les différents médias
- ☐ supprimer les réseaux sociaux
- ☐ proposer des sites dédiés au décodage

2 **Document 2.** Quelles sont les motivations de ceux qui diffusent de fausses informations ?

3 **Document 3.** Qu'est-ce qui nous assure le plus de l'authenticité d'une information ?

- ☐ quand elle est présentée fermement comme une évidence
- ☐ quand elle provient d'un ami qui a des contacts intéressants
- ☐ quand elle a pour source un média connu

4 **Documents 1 à 3.** Classe ces termes, parfois empruntés à l'anglo-saxon, en fonction de leur lien avec le mensonge ou la vérité : *complotisme – boniments – fact-checkeurs – post-vérités – les Décodeurs – transparence – hoax – la Team Observers – intox – fake news – fiabilité.*

5 **Documents 4.** Que signifient, parmi les 8 logos de l'infographie de la page 131, celui du masque et celui de la chouette surmontée d'un tel chapeau ? Précise ce qu'ils symbolisent.

À ton avis

6 **Corrige un internaute.** Commente l'attitude de Maxime face à une information trouvée sur Internet : a-t-il bien suivi les cinq conseils des Décodeurs du *Monde* (doc. 3) et ceux de l'IFLA (doc. 4) ?

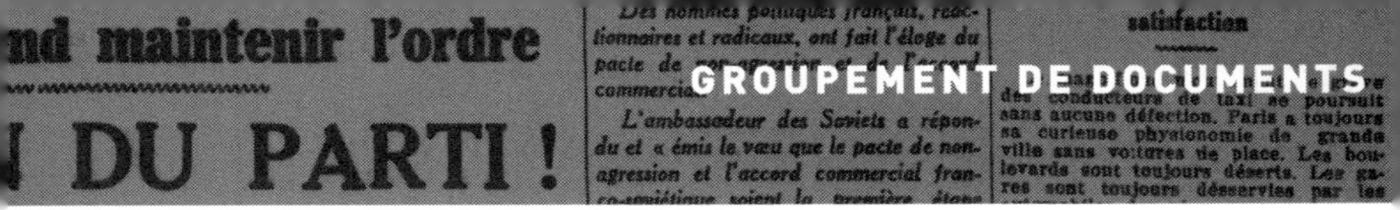

En surfant sur internet, Maxime a découvert sur un blog trouvé au hasard une information amusante et surprenante. Il a voulu vérifier et a tapé sur un moteur de recherche le nom de l'auteur du blog : ce nom lui semble sérieux, il apparaît plusieurs fois dans les référencements. Au collège, Maxime entend ses camarades parler de cette même information. Il ne peut plus douter désormais : cette information est surprenante mais bien vraie, il peut la divulguer sur Facebook à ses amis.

Faire le bilan

7 Un regard moins naïf. Complète le texte à l'aide des mots suivants : *l'intox – falsifiées – numérique – la vérité – retouchées – décoder – réseaux sociaux – sources.*
Aujourd'hui, l'ampleur des .... permet aux informations de circuler à toute vitesse et de multiplier leurs .... Cela favorise la diffusion d'informations .... et d'images .... Chacun doit alors savoir.................. ce qu'il lit sur Internet : repérer .... et chercher ....

Enquêter maintenant

8 Décoder des intox. Sur le site www.youtube.com, tape les mots clés *info-intox france 24* sur l'onglet de recherche. Choisis une ou plusieurs intox que tu exposeras à la classe. Puis tu expliqueras comment les décodeurs (les « Observateurs » de France 24) ont réussi à déjouer les pièges d'Internet et à rétablir la vérité.

La liberté d'opinion et de diffusion de l'information s'impose lentement à partir de la Révolution française pour être sanctuarisée par la IIIᵉ République. Comment est-on parvenu à la situation que nous connaissons aujourd'hui en France, où chacun peut s'exprimer librement sur Internet et où les journaux paraissent sans aucune censure ? Pour répondre à cette question, l'enquête qui suit retrace l'histoire de la presse d'information.

L'histoire de la presse, de la première gazette à nos jours

L'ENQUÊTE EN 5 ÉTAPES

1 Comment est née la presse en France ?

La naissance de la presse est consécutive à l'invention de l'imprimerie par Gutenberg vers 1450, innovation qui rend possible l'impression de journaux d'information dont les premiers apparaissent en France au XVIIe siècle, sous la houlette de Théophraste Renaudot.

● LE PREMIER JOURNAL

Le premier journal français naît de la volonté de Théophraste Renaudot (1586-1653), modeste médecin protestant qui, pour lutter contre la pauvreté, crée à Paris en 1629 le « Bureau d'adresses » où sont déposées demandes et offres d'emploi. *La Feuille du bureau d'adresses*, premier journal d'annonces d'emplois, paraît en 1633 après l'obligation faite aux sans-emplois de s'inscrire au Bureau.

Le succès de son entreprise est tel que Richelieu lui accorde son soutien (et celui du roi) et le charge de créer un journal sur « le bruit qui court sur les choses advenues ». Le premier numéro de *La Gazette*, disponible chaque samedi, paraît le 16 mai 1631, et dès 1632, Renaudot y ajoute des « suppléments » : les *Nouvelles ordinaires*, puis un mensuel : *Relations des nouvelles du monde*. Y voyant un instrument de propagande politique efficace, Richelieu lui accorde un monopole[1] en 1635. Tout + long de son histoire *La Gazette* reste ainsi le journal du pouvoir royal.

● LA NAISSANCE DE LA LIBERTÉ DE LA PRESSE

Dès l'époque de la création de *La Gazette*, de nombreux écrivains et journalistes critiquent le gouvernement à travers les « mazarinades », pamphlets[2] en vers publiés contre les faits et gestes du cardinal Mazarin pendant la Fronde (1648-1652).

Mais la liberté de la presse est véritablement fondée par la Révolution française et la Déclaration des

1. Monopole : exclusivité de publication.

2. Pamphlets : écrits satiriques très violents.

droits de l'homme et du citoyen qui consacre, le 24 août 1789, « la libre communication des pensées et la liberté d'imprimer ses opinions ».

Une longue histoire

– 1631 : création de *La Gazette*. Elle compte 4 pages. Le roi Louis XIII y collabore occasionnellement.
– 1762 : elle devient *La Gazette de France, organe officiel du gouvernement royal*. Elle est tirée à 8 000 exemplaires à Paris et compte 35 éditions en province.
– 1789 : *La Gazette de France* reste silencieuse sur la Révolution et ne dit rien sur la prise de la Bastille, se contentant de relayer les prises de position du gouvernement de Louis XVI.
– 1791 : le journal est repris par le ministère des Affaires étrangères.
– 1792 : rebaptisée *Gazette nationale de France*, puis *Gazette de France* sous la IIIe République, elle devient un journal ultraroyaliste.
– 1915 : fin de la parution du journal.

● LA MULTIPLICATION DES TITRES SOUS LA RÉVOLUTION

De 1789 à 1792, grâce à la disparition de la censure exercée par l'Ancien Régime, les journaux se multiplient : de 200 titres de périodiques à la fin du XVIIe siècle, on passe à 1 050 titres un siècle plus tard.
Toute une imagerie célèbre la liberté de la presse et les titres fleurissent : *L'Ami de la Patrie, L'Ami des lois, Le Clairvoyant, Le Courrier des spectacles, Le Furet, Le Mercure de France, Le Messager, Le Miroir, Le Père Duchêne, L'Ami du peuple, Le Propagateur, Le Publiciste, Le Rédacteur, Le Voyageur*... Mais la liberté ne va pas sans risques et de nombreux créateurs et rédacteurs de journaux sont guillotinés ou assassinés.

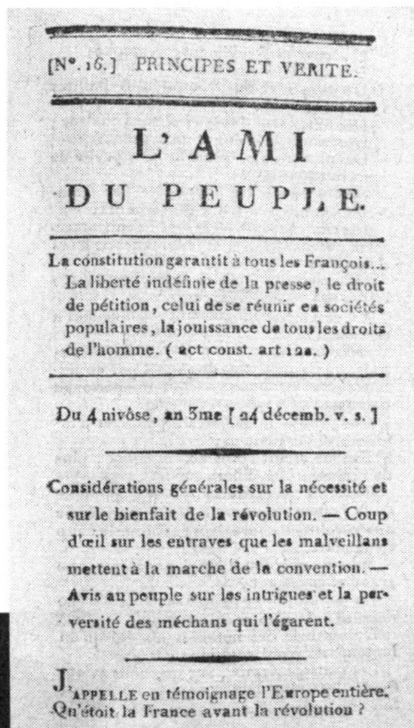
[N°. 16.] PRINCIPES ET VERITE.

L'AMI DU PEUPLE.

La constitution garantit à tous les François... La liberté indéfinie de la presse, le droit de pétition, celui de se réunir en sociétés populaires, la jouissance de tous les droits de l'homme. (act const. art 122.)

Du 4 nivôse, an 3me [24 décemb. v. s.]

Considérations générales sur la nécessité et sur le bienfait de la révolution. — Coup d'œil sur les entraves que les malveillans mettent à la marche de la convention. — Avis au peuple sur les intrigues et la perversité des méchans qui l'égarent.

J'APPELLE en témoignage l'Europe entière. Qu'étoit la France avant la révolution ?

L'Ami du peuple, 4 nivôse an III, journal politique de Marat (1743-1793).

Des dangers du métier de journaliste sous la Révolution

Le Père Duchesne

Jacques René Hébert (1757-1794) lance le pamphlétaire et polémique *Père Duchesne* en septembre 1790 pour lutter contre les Girondins[3]. Il y met en scène un personnage populaire imaginaire s'exprimant à la première personne. Plus de 400 numéros de 8 pages paraissent jusqu'à la condamnation à mort d'Hébert et de ses amis du club des Cordeliers le 24 mars 1794.

L'Ami du peuple

Jean-Paul Marat (1743-1793) publie le premier numéro de *L'Ami du peuple* en septembre 1789. Il en rédigera seul plus de 600 numéros jusqu'à son assassinat par Charlotte Corday en 1793. *L'Ami du peuple* s'engage contre l'esclavage et en faveur de l'exécution des prisonniers royalistes après l'insurrection du 10 août 1792 (chute de la royauté).

Le Vieux Cordelier

Camille Desmoulins (1760-1794) fait paraître le premier numéro du *Vieux Cordelier* le 5 décembre 1793, pour s'opposer à la surenchère du *Père Duchesne*. Il dénonce la Terreur et met en cause la politique du Comité de salut public. Il est guillotiné le 5 avril 1794 alors qu'il préparait un numéro intitulé « Sur la liberté de la presse »...

Le Tribun du peuple

François-Noël Babeuf, dit Gracchus Babeuf (1760-1797), lance *Le Tribun du peuple* le 3 septembre 1794. Pour Babeuf, le rôle du journaliste est non seulement de « tout dire au peuple » mais aussi d'organiser son combat dans la guerre « perpétuelle » des riches contre les pauvres. Il est guillotiné le 27 mai 1797.

3. Girondins : pendant la Révolution, groupe politique siégeant à droite à l'Assemblée constituante.

2 Comment la presse prend-elle son essor au XIXe siècle ?

Au XIXe siècle, les tirages de la presse augmentent considérablement et les journaux deviennent des produits de consommation courante pour un public de plus en plus large, grâce au progrès technique et à la généralisation de l'instruction. Et, à la fin du siècle, la liberté de la presse s'impose comme l'une des conditions fondamentales de la démocratie.

● LES PROGRÈS TECHNIQUES

Les journaux doivent être pensés, rédigés, composés, imprimés et diffusés en une journée s'ils sont quotidiens. Ce défi est rendu possible par les progrès constants de l'imprimerie au cours du XIXe siècle. Dès 1811 une presse mécanique est mise au point pour le journal anglais *The Times*. En 1814, les imprimeries sont actionnées par la vapeur. En 1818, on met au point une encre industrielle pour l'imprimerie. Le papier à base de cellulose de bois (bien meilleur marché que le papier à base de chiffons), se généralise à partir de 1865, au moment où l'on invente aussi la presse rotative : les journaux ne sont plus imprimés feuille à feuille, mais à partir de bobines de papier en continu.

Le développement du chemin de fer permet également l'acheminement rapide des nouvelles et des liasses de journaux.

La presse passe du stade artisanal au stade industriel, d'autant que les progrès de l'instruction font augmenter le nombre de lecteurs.

● LES PROGRÈS DE L'ENSEIGNEMENT

De la loi Guizot, qui impose la création d'une école dans toutes les communes de plus de 500 habitants, jusqu'aux lois Ferry de 1881, l'apprentissage de la lecture se généralise.

Émerge un nouveau public qui sait lire et achète la presse, ce qui contribue à son essor.

De l'homme de lettres au journaliste

Bien que la plupart des écrivains travaillent aussi comme journalistes, publiant des nouvelles, des chroniques et des reportages dans la presse, ils entretiennent avec elle un rapport ambigu, mi-attirance, mi-répulsion. De nombreux romans (Illusions perdues *de Balzac [1837-1843] ou* Bel-Ami *de Maupassant [1885]) donnent en effet une vision très critique du milieu des « rédacteurs » de presse.*

Couverture de *Bel-Ami*, roman de Guy de Maupassant (1885).

● PROFESSIONNALISATION ET LIBÉRALISATION

C'est avec *La Presse*, journal à prix modique fondé en 1836 par Émile de Girardin, que la presse entre dans la modernité. Les rédactions, dont les effectifs augmentent, se professionnalisent et de nouvelles fonctions apparaissent : rédacteur en chef, directeur politique, directeur littéraire, secrétaire de rédaction. La « conférence de rédaction » réunit chaque soir toute la rédaction. Le métier s'organise avec la création d'une association des journalistes en 1879 et d'une école en 1899. En 1895 on compte 2 000 « écrivains de presse » (5 400 « journalistes » dont 2 800 à Paris et 2 600 en province).

Au fil des régimes, la liberté de la presse connaît de nombreuses tribulations : ainsi, Charles X la supprime sous la Restauration[1] – ce qui est l'une des causes de la révolution de Juillet en 1830 – et Napoléon III la limite sous le Second Empire (1852-1870). Ce n'est qu'au terme d'une longue lutte qu'elle est garantie par la loi du 29 juillet 1881, qui proclame : « Tout journal ou écrit périodique peut être publié, sans autorisation préalable et sans dépôt de cautionnement. »

1. **Restauration** (1815-1830) : période qui, après l'abdication de Napoléon Ier, voit le rétablissement de la monarchie en France. Les rois Louis XVIII et Charles X se succèdent sur le trône.

Le Petit Journal et la presse illustrée

Fondé en 1863 par Moïse Polydore Millaud, qui a débuté dans *La Presse*, *Le Petit Journal* est une nouvelle formule d'avenir : un journal bon marché (5 centimes au lieu de 15), un format commode (43 × 30 cm), accessible à tous (pas d'abonnement, il est vendu le soir par des crieurs de rue), une information complétée par un contenu distrayant (feuilletons, horoscopes et chroniques) et beaucoup d'illustrations.

Il réserve aussi une place de choix aux faits divers sanglants : la couverture sensationnelle de l'affaire Troppmann (assassinat d'une famille de sept personnes à Pantin en septembre 1869) lui permet de multiplier ses ventes par dix.

En 1890, il diffuse à un million d'exemplaires, partageant ce privilège avec trois autres quotidiens français, *Le Petit Parisien*, *Le Matin*, et *Le Journal*. *Le Petit Journal* cesse de paraître en 1944.

LE CRIME DE PANTIN. — Assassinat de la famille KINCK de Roubaix.

Arrestation de Troppmann.

Le Crime de Pantin : assassinat de la famille Kinck de Roubaix.
Image d'Épinal de 1869 sur l'affaire Troppmann.

3 Comment la liberté de la presse est-elle menacée puis réaffirmée entre 1940 et 1945 ?

Pendant la Seconde Guerre mondiale, la liberté de la presse est mise entre parenthèses. Sous l'Occupation, de nombreux journaux continuent à paraître mais sous le contrôle de l'occupant avec qui ils collaborent. C'est pourquoi le Gouvernement provisoire réorganise la presse en 1944 pour garantir sa liberté, son autonomie et son indépendance.

● L'OCCUPATION (1940-1944) : UNE PRESSE SOUS CONTRÔLE

Après l'armistice de 1940, les Allemands mettent en place une censure très sévère : l'ordonnance du 18 octobre 1940 impose à toute personne souhaitant fonder un journal de prouver son « aryanité[1] » et place l'ensemble de la presse sous le contrôle de services de censure qui favorisent la collaboration de plume.

Parallèlement, en 1941, voient le jour les journaux clandestins de la Résistance : entre autres, *Défense de la France*, de Philippe Viannay ; *Combat*, de Georges Bidault ; *Le Franc-tireur* ; *Témoignage chrétien* ;

Où en est LE RAVITAILLEMENT DE PARIS ?

COMBAT

VISITE aux internés du Vél' d'Hiv'

L'Académie française

LES ANGLAIS à AMIENS

Les Américains occupent Saint-Dizier

L'armée rouge s'empare de Bucarest

La Résistance et la politique

"IL FAUDRAIT 2.000 CAMIONS QUE NOUS N'AVONS PAS POUR REDONNER A PARIS LE GAZ ET L'ÉLECTRICITÉ"

3.500 ARRESTATIONS opérées à Paris depuis le départ de l'ennemi

UN CONSEIL RESTREINT

ESPOIRS ET ANGOISSES DE L'INSURRECTION

LA RÉFORME DE LA PRESSE

Les Américains dans les faubourgs de Sedan

"La guerre sera gagnée à la fin de l'année 1944"

« Les Anglais à Amiens, les Américains occupent Saint-Dizier, l'armée Rouge s'empare de Bucarest ». Une du journal *Combat* du 1er septembre 1944.

1. **Aryanité :** appartenance à la race « pure » et « supérieure », celle des *aryens*, dans la doctrine nazie.

Libération, lancé en juillet 1941 par Raymond Aubrac et Emmanuel d'Astier de la Vigerie. Ces titres reparaîtront au grand jour à la Libération.

L'occupant prend aussi le contrôle de la radio en s'installant aux commandes de Radio Paris. Ce à quoi Pierre Dac répond sur la radio anglaise BBC par la ritournelle « Radio Paris ment, Radio Paris ment, Radio Paris est allemand » sur l'air de la cucaracha.

Affichette de 1944 avec le portrait de Philippe Henriot (1889-1944), homme politique et propagandiste à Radio Paris, engagé dans la Milice et très actif dans la Collaboration.

● LA LIBÉRATION : LE RENOUVEAU JOURNALISTIQUE

À la Libération, malgré le rationnement du papier de 1944 à 1948, paraissent de très nombreux quotidiens, se limitant souvent à une page recto verso, alors que sont interdits la plupart des journaux ayant collaboré pendant l'Occupation.

Leur développement est encouragé par les ordonnances de 1944 du GPRF[2] sur la liberté de la presse. Celles-ci confisquent les journaux collaborationnistes et posent les bases d'une nouvelle organisation de la presse pour en garantir le pluralisme et l'indépendance. L'idée est de créer un statut empêchant la prise de contrôle de la presse par un pouvoir dictatorial, comme cela s'est produit pendant l'Occupation.

Au-delà, il s'agit aussi d'organiser une presse indépendante des pouvoirs économique et politique, ce qui est à la fois très novateur et utopique : ce rêve de la Libération sera en effet taillé en pièces et, aujourd'hui, la quasi-totalité des grands organes d'information appartiennent à de grands groupes industriels ou d'armement.

2. GPRF : Gouvernement provisoire de la République française, installé à Paris en août 1944 sous la présidence du général de Gaulle qui reste à sa tête jusqu'en janvier 1946. Le GPRF sera dissous en janvier 1947.

Les ordonnances de 1944 sur la liberté de la presse

Quatre ordonnances sont prises par le Gouvernement provisoire de mai à septembre 1944 (la première, du 6 mai 1944, précède le Débarquement).

Elles prévoient :

— de réaffirmer la liberté de la presse, d'abolir la censure et de restaurer le régime de la loi sur la liberté de la presse de 1881 ;

— de confisquer les entreprises de presse qui ont collaboré et de redistribuer leurs biens ;

— d'affirmer que « la presse n'est pas un instrument commercial mais un instrument de culture » et donc de la sanctuariser[3] par rapport aux puissances financières et politiques ;

— de définir la mission de la presse : « donner des informations exactes, défendre des idées, servir la cause du progrès humain » ;

— de dissoudre les titres ayant paru durant l'Occupation (environ 90 % des quotidiens de cette période sont interdits à la Libération) ;

— la création de l'Agence France-Presse, pour remplacer l'Office français d'information (OFI), lié au gouvernement de Vichy ;

— de garantir le pluralisme en interdisant la détention de plusieurs titres par la même personne ou le même groupe industriel.

En 1947, une loi organise enfin un système unifié de diffusion (les Nouvelles Messageries de la presse parisienne, NMPP) pour garantir à tous les périodiques un égal accès au public.

3. Sanctuariser : en faire un *sanctuaire*,

4 Comment la radio et la télévision concurrencent-elles la presse écrite après 1945 ?

Après la Seconde Guerre mondiale, la radio se généralise. Dans les années 1960, c'est au tour de la télévision. Très rapidement ces deux médias atteignent un public de millions de personnes à qui ils apportent son et image, ce qui bouleverse le rapport à l'information.

Les Martiens débarquent !

En 1938 Orson Welles donne à la radio américaine une adaptation si réaliste de La Guerre des mondes[1]*, qu'il sème la panique aux États-Unis. L'émission démarre à 20 h le 30 octobre 1938 par la retransmission d'une soirée musicale. Puis un présentateur intervient brusquement à l'antenne pour un « bulletin spécial » annonçant que la planète Mars venait d'être secouée par une série d'explosions et qu'un engin spatial d'où sortaient d'horribles petits hommes verts dévorant tout sur leur passage avait atterri dans le New Jersey. Nombre d'auditeurs croient à une véritable invasion d'extraterrestres ; épouvantés, ils se jettent sur les routes tandis que d'autres se suicident.*
L'émission est rapidement interrompue, et Welles et ses techniciens conduits au commissariat. La chaîne de radio, elle, est condamnée à verser 1 million de dollars aux auditeurs blessés durant la panique. Mais, en une nuit, grâce à ce canular génial, Orson Welles devint mondialement célèbre et les studios d'Hollywood lui ouvrirent grand leurs portes.

1. Orson Welles (1915-1985) : célèbre cinéaste et acteur américain ; *La Guerre des mondes* : roman d'anticipation de l'écrivain britannique H. G. Wells (1898), qui décrit l'invasion de la Terre par les Martiens.

Orson Welles (1915-1985) au micro lors de l'émission radiophonique de CBS *First Person Singular* (« Première personne du singulier »), en 1938.

● LA RADIO

Les premiers programmes quotidiens de radio apparaissent dans les années 1920. En 1925, la radio est utilisée pour la première fois dans une campagne électorale aux États-Unis. Mais c'est surtout après la guerre, dans les années 1950, que la radio se généralise et s'étend au grand public, notamment avec l'apparition du transistor (1954) qui permet de miniaturiser les récepteurs.

● LA TÉLÉVISION

La télévision (technique de diffusion d'images animées à distance) est inventée à la fin du XIXe siècle mais elle ne se diffuse dans le public qu'à partir des années 1930 et ne devient massive qu'à partir des années 1960. Elle devient alors un *mass media*, c'est-à-dire un média qui permet de toucher un nombre très important de personnes, au point qu'en France, en 2007, chaque famille possède 1,7 téléviseur en moyenne et que chaque téléviseur serait allumé environ 6 heures par jour (en 2006).

● UNE CONCURRENCE RUDE POUR LA PRESSE ÉCRITE

Depuis les années 1960, le tirage et la diffusion des journaux écrits sont en baisse constante, en raison de la concurrence de la radio et de la télévision, deux médias plus attrayants et perçus comme gratuits par le public, car ils se financent essentiellement par la vente de spots publicitaires.

La télévision française en quelques dates

— 1931 : première diffusion d'une image animée.
— 1937 : première émission quotidienne (une centaine de postes chez les particuliers).
— 1949 : premier journal télévisé créé par Pierre Sabbagh. Création de la RTF qui deviendra l'ORTF[2] en 1964.
— 1956 : 500 000 récepteurs de télévision.
— 1967 : passage à la couleur pour Antenne 2.
— 1968 : première publicité télévisée.
— 1984 : fin du monopole public, multiplication des chaînes.

2. RTF : Radiodiffusion-télévision française ; **ORTF :** Office de radiodiffusion-télévision française, supprimé en 1984 et remplacé par sept sociétés.

5 Comment Internet révolutionne-t-il la diffusion de l'information ?

Internet a révolutionné les conditions de diffusion de l'information. D'une part, en effet, une majorité d'informations deviennent accessibles gratuitement. D'autre part, tout le monde, via les blogs ou les sites participatifs, peut devenir producteur d'informations.

Qu'est-ce qu'Internet ?

Internet est un réseau mondial de réseaux télématiques, c'est-à-dire qui combinent les moyens de l'informatique avec ceux des télécommunications (téléphone), utilisant le même protocole de communication. À son stade de développement actuel, Internet permet à des ordinateurs situés n'importe où dans le monde de communiquer entre eux via le réseau téléphonique.

• L'APPARITION DES MÉDIAS PARTICIPATIFS

Internet rend possible la mise en ligne par tout un chacun de son « journal », sous forme de « blog[1] ». Les premiers blogs apparaissent en 1995 et on en dénombre aujourd'hui 156 millions. Mais seuls les blogs les plus performants sont suivis et lus.
Sur cette base, des « outils participatifs », c'est-à-dire des plateformes dont le contenu est mis en ligne par les utilisateurs, apparaissent : le site participatif le plus célèbre est YouTube, plateforme créée en 2005 qui permet de partager des vidéos (1 milliard d'abonnés en 2010). Les « YouTubeurs » les plus habiles

1. **Blog :** contraction de *web log*, autrement dit « journal sur le Web ».

Quand les hommes politiques créent leur propre « chaîne d'information »

Lors de la campagne pour les élections présidentielles de 2017, insatisfait de la manière dont la presse mainstream *(officielle) parlait de lui, le candidat de la France insoumise, Jean-Luc Mélenchon, crée sa propre chaîne YouTube pour s'adresser à ses électeurs. C'est un succès : il atteint rapidement le seuil de 150 000 abonnés, ce qui le place dans le top 50 mondial des chaînes les plus suivies, devançant même Barack Obama, Donald Trump et Hillary Clinton...*

(Usul, Norman, Natoo) ou les plus célèbres (Barack Obama, Jean-Luc Mélenchon) créent leur propre « chaîne » YouTube, sur le modèle d'une chaîne de télévision.

● LES RÉPONSES DE LA PRESSE TRADITIONNELLE

Les organes de la presse traditionnelle prennent rapidement conscience des enjeux de ce nouveau réseau et développent leurs propres sites : *Le Monde* crée le sien en 1994, suivi en 1999 par *Le Figaro*. Au départ, il s'agissait de diffuser en ligne les contenus du journal papier. Aujourd'hui, ces sites ont leur propre rédaction et diffusent aussi bien de l'écrit que du son et de l'image. Il en va de même pour tous les grands médias (presse écrite, radio, télévision), qui possèdent tous un site.

Norman Thavaud durant la projection de *Mon roi* (film de Maïween), au 68e festival de Cannes le 17 mai 2015.

● LES *PURE PLAYERS* : UN AVENIR POUR LA PRESSE INDÉPENDANTE ?

On appelle *pure player* un organe de presse qui n'est diffusé que sur Internet. En France le plus célèbre est le site d'informations générales payant *Médiapart*, créé en 2008 par d'anciens journalistes du *Monde*. La qualité de ses informations lui vaut rapidement la considération des lecteurs et des décideurs.

La création de ces sites est souvent due à des journalistes désireux de s'affranchir du cadre de la presse traditionnelle pour pouvoir exercer leur métier en toute indépendance. Ces sites d'information, du fait de faibles coûts de production et de diffusion, pourraient peut-être contribuer à la renaissance d'une presse indépendante des grands groupes financiers et dégagée des pressions de la publicité, et faire revivre les principes d'indépendance de la presse mis en avant par le Comité de libération nationale à la Libération.

Deux pure players

Arrêt sur image

Après la suppression de son émission homonyme diffusée depuis 1995 sur France 2, Daniel Schneidermann crée ce site en 2007-2008, pour continuer à analyser la « fabrication du récit médiatique ».

Reporterre

Créé en 1989 par Hervé Kempf, journaliste au *Monde*, le titre est d'abord un magazine papier consacré à l'écologie, mais son existence est éphémère. Il renaît sous la forme d'un site consacré à l'écologie en 2007, afin « d'informer sur les liens entre la crise écologique, les injustices sociales et les menaces sur les libertés ». Le site prend son essor en 2013 lorsque Hervé Kempf quitte *Le Monde*.

Les deux sites sont financés par les abonnements ou les dons des lecteurs et ne publient pas de publicité.

Petit lexique des médias

Accroche	Phrase placée en tête d'article et destinée à attirer l'attention du lecteur.
Agence de presse	Société qui fournit de l'information aux médias.
Annonceur	Entreprise ou organisation qui fait passer un message publicitaire dans un journal.
Blog	Contraction des mots anglais *Web Log* (carnet de bord Web). Site internet sur lequel apparaissent, du plus récent au plus ancien, les articles de l'auteur du blog, qui n'est pas obligatoirement journaliste.
Bouclage	Dernière étape avant la validation des épreuves et l'impression du journal.
Brève	Article très court qui donne l'essentiel d'une information.
Chapô	Court texte d'accroche, souvent en caractères gras, qui introduit un article.
Censure	Examen des publications par les personnes au pouvoir, et interdiction de certaines informations jugées malvenues.
Chemin de fer	Représentation, sur papier ou sur écran, de ce que le journal contiendra page par page. Il permet d'avoir une vision d'ensemble de la publication une fois terminée.
Chronique	Article qui relate régulièrement des événements, en suivant l'ordre chronologique de leur survenue.
Colonne	Mise en page d'un article de façon verticale.
Correspondant	Le correspondant local de presse (CLP) fournit les informations et écrit des articles sur l'actualité de la zone géographique qui lui est attribuée.
Complotisme	Ensemble de théories qui soutiennent que le monde est dominé par un gouvernement occulte, qui régit dans l'ombre les événements et influence les médias pour nous cacher la vérité.
Dépêche	Article émanant d'une agence de presse (AFP, Reuters), qui relate brièvement un événement récent.
Diffamation	Propagation de rumeurs qui attaquent et déshonorent une personne ou un groupe de personnes.

Éditorial	Article émanant de la rédaction d'un journal et donnant son orientation sur un événement qu'elle juge important.
Fait divers	Événement relaté dans un journal, en lien avec la vie quotidienne et sans portée générale.
Infographie	Graphisme fabriqué sur ordinateur (diagramme, carte ou schéma), qui met en image une information pour en proposer une vision claire et synthétique.
Intertitre	Dans un article, titre secondaire annonçant un paragraphe.
Investigation	Enquête menée par un journaliste, qui se caractérise par une recherche suivie, systématique et approfondie sur un même sujet.
Ligne éditoriale	Ensemble des choix faits par la direction d'un journal pour en définir l'esprit et les idées qu'il met en avant.
Média	Abréviation de l'anglo-américain *mass media*, « communication de masse ». Moyen de diffusion, de distribution ou de transmission de messages et d'informations.
Périodique	Journal, magazine ou revue publiés à intervalle régulier (quotidien, hebdomadaire, mensuel, etc.).
Pigiste	Journaliste, rédacteur travaillant de façon ponctuelle pour différents médias. Le pigiste est rémunéré à l'article, à la photographie ou à la tâche.
Presse	1. Moyen de diffusion des informations écrites ; 2. ensemble des publications périodiques ; 3. organismes professionnels chargés de la conception, de la publication et de la diffusion des journaux.
Presse numérique	Ensemble des journaux en ligne, mais aussi blogs ou forums diffusés sur Internet depuis les années 1990. La presse numérique procède par liens hypertextes : certains mots, dans les titres ou les articles, renvoient à d'autres sources d'information.
Réseaux sociaux	Modes de communication par Internet permettant d'échanger des opinions et de créer et réunir des communautés.
Rédacteur en chef	Il dirige l'équipe des journalistes et des rédacteurs d'un journal, et veille au respect de la ligne éditoriale décidée par le journal.
Rédaction	1. Ensemble des rédacteurs d'un journal ; 2. locaux et bureaux où ils travaillent.

Reportage Article témoignant de ce qu'un journaliste a vu et entendu au plus près de l'événement.

Revue Publication périodique, souvent spécialisée dans un domaine (scientifique, littéraire, historique…).

Revue de presse Compte rendu de ce qui est paru dans la presse du jour ou de la semaine. La revue de presse fait la synthèse des informations et des points de vue sur l'actualité.

Rubrique Titre qui indique le domaine d'un article (politique, sciences, culture, sport…).

Scoop Nouvelle importante, donnée en exclusivité par une agence de presse.

Secrétaire de rédaction Journaliste chargé de mettre en valeur l'information par un travail sur la mise en page des articles, des photographies et des infographies.

Source Personne qui transmet une information à un journaliste.

Titraille Ensemble de tout ce qui compose un titre : sur-titre, titre, sous-titre, intertitre et sommaire. La titraille doit s'accorder avec le chapô, l'illustration et la légende.

Une Première page d'un journal, où, de façon organisée et hiérarchisée, sont présentés les éléments essentiels de l'actualité et annoncés certains articles du journal.

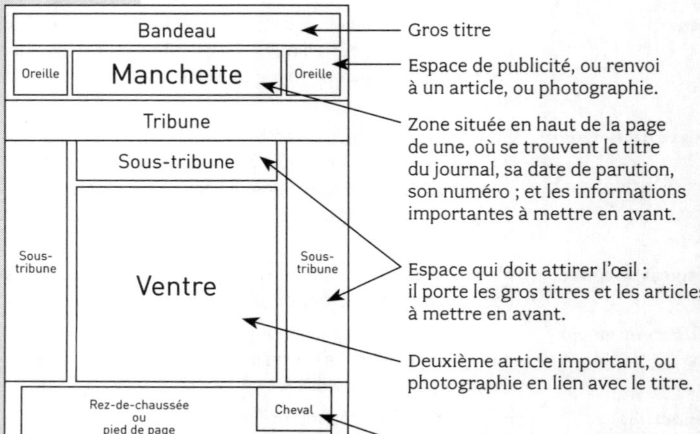

À lire et à voir

• FIGURES DE JOURNALISTES DANS LA LITTÉRATURE

Gaston Leroux

Le Mystère de la chambre jaune, 1907 et *Le Parfum de la dame en noir*, 1908

Deux enquêtes de Rouletabille, célèbre reporter au journal *L'Époque*, qui doit son surnom à son visage rond et rouge comme une tomate, ainsi qu'à sa bonne humeur.

Pierre Gamarra

Six colonnes à la une, Pocket, 1998

Benoît Vallier, journaliste talentueux, mène une enquête sur une série d'incendies qui ravagent la ville de Toulouse.

Rafik Schami

Une poignée d'étoiles, L'École des loisirs, 2002

À Damas, dans les années 1970, le jeune fils d'un boulanger devient journaliste et prend conscience de la réalité politique de son pays et de la répression qui s'y exerce.

Bertrand Solet

Il était un capitaine, Hachette jeunesse, 2007

Maxime Dumas écrit pour son journal un article sur le scandale du jour : le capitaine Dreyfus, un officier français juif, est accusé de trahison. La France est violemment divisée sur sa culpabilité.

Isabelle Collombat

Bienvenue à Goma, Éditions du Rouergue, 2008

Elsa, en stage dans une station de radio, parvient à accompagner une journaliste envoyée en reportage dans un camp de réfugiés au Rwanda. Elle y découvre les difficultés du métier et la cruauté du génocide.

Agnès Laroche

Scoops au lycée, Rageot Éditeur, 2010

Pomme, qui rêve d'être journaliste, est acceptée à la rédaction du journal du lycée. À la recherche du scoop parfait, elle apprend à traiter des affaires délicates.

Pascale Perrier, Sylvie Baussier

Japon touché au cœur : Fukushima, Oskar Jeunesse, 2011

Fanny, une jeune Française, écrit son journal intime alors que son père journaliste est envoyé au Japon pour couvrir le tremblement de terre de mars 2011 à Fukushima. Elle y exprime ses peurs et ses réflexions sur les dangers du nucléaire.

Pierdomenico Baccalario

Typos 1 : Fragments de vérité et Typos 2 : Poison noir, Flammarion, 2014

Typos est une organisation secrète qui lutte contre la désinformation pratiquée par le groupe de communication officiel dans la mégalopole Maximum City. On y rencontre quatre étudiants en journalisme, ardents défenseurs de la vérité.

Arthur Ténor

Je suis CharLiberté ! Scrineo, 2016

Un collégien, marqué par les attentats du 7 janvier 2015 contre *Charlie Hebdo*, décide de créer un journal satirique avec trois de ses camarades. Il devra faire face à l'intolérance et à la violence de certains.

• FIGURES DE JOURNALISTES EN BANDE DESSINÉE

Hergé

Les Aventures de Tintin, Casterman, 1929-2016 (24 volumes)

Le fameux jeune homme à la houppe, Tintin, est le reporter imaginaire du *Petit XX*^e^, un supplément hebdomadaire au journal belge *Le Vingtième Siècle* destiné à la jeunesse.

Masao Yajima

Journaliste, 1 & 2, traduit du japonais par Takuya Matsumoto, Delcourt, 2009

Mineo Mutsu, qui travaille pour un quotidien national au Japon, prend des risques : il dénonce la corruption des grands médias et s'obstine à enquêter sur des affaires sensibles.

• FIGURES DE JOURNALISTES AU CINÉMA

La Dame du vendredi

Film du réalisateur américain Howard Hawks, 1940

Une comédie trépidante retraçant la journée d'une journaliste engagée dans une enquête contre la montre.

Citizen Kane

Film du réalisateur américain Orson Welles, 1941

Enquête sur la vie et la mort d'un magnat de la presse, inspirée par la vie du milliardaire et homme de presse américain William Randolph Hearst.

L'homme qui tua Liberty Valance

Film du réalisateur américain John Ford, 1962

Dans le grand Ouest américain, un riche sénateur est interviewé par des journalistes qui découvrent son combat pour la liberté d'expression et la légende qui l'entoure.

Reporters

Série télévisée française d'Olivier Kohn et Alban Guitteny, 2007 (2 saisons)

Produite par un journaliste, cette série dévoile les coulisses du métier à travers la mise en parallèle de deux médias : un journal TV et un grand quotidien national.

• LA PRESSE : COMMENT ÇA MARCHE ?

Jean-Marie Charon

Le Journalisme, Milan, 2007

Un petit volume pratique : comment devient-on journaliste, qui sont les journalistes, quelles sont leurs activités ?...

Élisabeth Combres, Florence Thinard

Les 1000 mots de l'info : pour décrypter l'actualité, Gallimard Jeunesse, 2010.

Un dictionnaire, accompagné de pages « Débats » pour aborder les questions d'actualité et une réflexion sur le pouvoir de l'image.

Mélina Gazsi, Florence Vielcanet

Les Dessous de l'info, La Martinière Jeunesse, 2010

Un ouvrage divisé en trois temps pour comprendre la fabrication et la diffusion de l'information : « D'où viennent les nouvelles », « Informer c'est choisir » et « Se faire une opinion ».

Claude Castéran

Aux sources de l'info : l'agence France-Presse, Actes Sud Junior, 2012.

Un livre documentaire qui explique comment, à partir d'un événement, se fabrique une information diffusée par les médias.

Marion Gillot

Les Dessous de la presse, Gulf Stream Éditeur, Et toc ! 2012

Un ouvrage qui répond aux questions essentielles sur la presse : quel a été parcours de l'information, de la source au destinataire? Qu'a-t-on le droit de dire ? Les journalistes sont-ils tous objectifs ?

David Groison, Pierangélique Schouler

Prises de vue : décrypter la photo d'actu. Actes Sud Junior, 2012

Un ouvrage qui nous apprend à analyser une image et propose des entretiens avec des professionnels de la photographie.

Dominique Conil

Anna Politkovskaïa : non à la peur ! Actes Sud Junior, 2012

Assassinée en 2006, Anna Politkovskaïa a lutté toute sa vie pour la défense des droits de l'homme. Cette journaliste prit la défense des victimes de guerre en Tchétchénie et refusa de se taire.

Daniel Schneidermann

Liberté d'expression : a-t-on le droit de tout dire ? La Ville brûle, Jamais trop tôt, 2015

Un livre qui s'adresse aux adolescents pour les aider à aiguiser leur esprit critique et à comprendre les principes et les limites de la liberté d'expression.

• SITES

http://www.l-actu.fr

Version numérique du journal *L'Actu*, destiné aux adolescents. On y trouve les archives du journal, mais aussi des dossiers thématiques et un « coin des révisions » précieux pour préparer des exposés.

www.clemi.fr

Un site destiné à l'éducation aux médias, qui accompagne les élèves dans le cadre scolaire.

http://www.decryptimages.net

Un site qui défend la vérité de l'information et propose notamment une exposition sur les images menteuses.

www.mediaeducation.fr

Un site consacré à l'éducation à l'information et à la liberté d'expression. Il propose des ressources thématiques et rassemble des journalistes volontaires, prêts à échanger sur leurs pratiques et les questions qu'ils se posent.

http://expositions.bnf.fr/presse/

Une exposition très riche sur la fabrique de l'information, avec des pistes pédagogiques et des photographies d'archives en haute définition.

• QUELS JOURNAUX LIRE AU COLLÈGE ?

Journaux d'actualité

L'Actu, Playbac Presse (quotidien)

Chaque jour, ses 8 pages font le tour de l'actualité en France et dans le monde. Le supplément *Myweekly* te permet aussi de lire l'actualité en langue anglaise.

Le Monde des ados, Fleurus Presse (bimensuel)

Tu y découvres reportages, photos et dossiers thématiques sur les sujets importants de l'actualité.

Magazines spécialisés (mensuels)

Comment ça marche, Fleurus Presse

Tu comprendras certains phénomènes scientifiques et technologiques, notamment ceux liés au milieu dans lequel tu vis au quotidien.

Cosinus, Éditions Faton

Tu aborderas la science et les mathématiques d'une façon ludique, par des énigmes et des découvertes inattendues.

Geoado, Milan Presse

Ce « magasine de notre planète » te fera voyager aux quatre coins de la Terre. Il sensibilise aux merveilles de la nature et au respect de l'environnement.

Virgule, Éditions Faton

Ce magazine littéraire te fera découvrir l'histoire des mots et des grands écrivains. Il te donnera aussi des astuces pour apprivoiser les difficultés de la langue française.

Histoire Junior, Éditions Faton

Tu découvriras notre histoire à travers celle d'un objet, d'une œuvre d'art, ou le récit d'un événement, du Moyen Âge à nos jours, sans oublier les jeux et les bandes dessinées.

I Love English, Bayard Presse

Ce magazine sait trouver les sujets qui te passionneront (cinéma, musique, sport) et t'encourageront à lire et à progresser en anglais. Il propose des infos, des BD et des reportages amusants sur la société anglophone.

Table des illustrations

12	ph © Hannah Assouline / Opale / Leemage
22	© Plantu
25	Les effets de radiations nucléaires : infographie explicative, © Le Parisien, 15.03.2011
32	ph © Pallava Bagla
39	ph © Pallava Bagla
52	ph © John Moore / Getty Images / AFP
57	ph © Sarah Caron / Hans Lucas.
69	ph © Nilufer Demir / DOGAN NEWS AGENCY / AFP PHOTO
76	ph © ANHA / AFP PHOTO
98	ph © Frédéric Mons / Presse Sports
136	Coll. Archives Hatier
139	Coll. Jean Vigne / KHARBINE TAPABOR
142	Coll. Archives Hatier
143	Coll. KHARBINE-TAPABOR.
144	Coll. KHARBINE-TAPABOR.
145	Coll. Jean Vigne / KHARBINE-TAPABOR
147	ph © Hulton Archive / Getty Images
150	ph © Samir Hussein / WireImage / Getty Images
Plat 2 de couverture	ph © John Moore / Getty Images

Iconographie : Hatier Illustration
Principe de maquette : Marie-Astrid Bailly-Maître & Sterenn Heudiard
Suivi éditorial : Luce Camus
Illustrations intérieures : Benoît Springer
Mise en page : CGI

PAPIER À BASE DE FIBRES CERTIFIÉES

Hatier s'engage pour l'environnement en réduisant l'empreinte carbone de ses livres. Celle de cet exemplaire est de :
550 g éq. CO_2
Rendez-vous sur www.hatier-durable.fr

IMPRIM'VERT

Achevé d'imprimer par Grafica Veneta à Trebaseleghe - Italie
Dépôt légal n° 02817-3/06 - Octobre 2022